陳式簡化太極拳

編著及示範　闞桂香

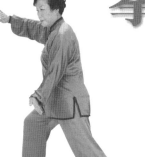

商務印書館

陳式簡化太極拳

編著及示範：闞桂香
責 任 編 輯：李德儀
封 面 設 計：張　毅
出　　　版：商務印書館(香港)有限公司
　　　　　　香港筲箕灣耀興道 3 號東滙廣場 8 樓
　　　　　　http://www.commercialpress.com.hk
印　　　刷：美雅印刷製本有限公司
　　　　　　九龍觀塘榮業街6號海濱工業大廈4樓B1
版　　　次：1990 年 4 月初版
　　　　　　2004 年 9 月修訂版第 1 次印刷
　　　　　　© 2004 商務印書館 (香港) 有限公司
　　　　　　ISBN 962 07 3165 4
　　　　　　Printed in Hong Kong

前　言

太極拳有多種流派，內容風格各具特色，技術套路及動作難度也各有差異。古老的陳式太極拳，動作都以螺旋式、抽絲式為核心，是由內及外的圓弧運動。運轉往復纏繞、圓轉曲折、剛柔、快慢、開合、蓄發，套路動作技術比較複雜，不易掌握，教學時難點多。即使是過去傳統式的師徒傳授，手把手地教，都不易學好。現今的集體教學形式比較多，要傳授好陳式太極拳的技術，就更為困難。

為便於陳式太極拳的發展，早於1980年，我在正宗傳人田秀臣老師親傳的陳式太極拳一路的基礎上精簡、篩選，以規範化的技術動作，由易到難，創編了"陳式簡化太極拳"。同年，北京武術隊出訪美國集體表演此拳，深受歡迎，轟動了當地的太極愛好者，影響頗大。隨之，以美籍華人陳繼光為團長的美國太極拳學習團，以及全日本太極拳協會，由會長三浦英夫帶團，先後到北京學習。從此，開拓了中國大陸太極拳對外交流的生機，推動了陳式太極拳風格技術的普及與發展。

1982年，《陳式簡化太極拳》在國內首次出版，海內外購書學練，興趣盎然。現由香港商務印書館補入本人近照再版，給讀者提供更直觀的參照。此書以簡易而規範的技術動作，漸進的學習入門方法，簡捷易記的口令，希望有助太極愛好者快速掌握動作，提高演練技術。

北京體育大學教授

（闞桂香）

2004 年 4 月

目　錄

一、概 述

（一）套路結構

陳式簡化太極拳是在陳發科先生傳授的陳式太極拳第一路基礎上簡化而成的。原套路共八十三個動作，四十五個拳式。簡化後僅三十六個動作，三十三個拳式。減少了重複的、運動特點不明顯的動作，如：原套路中的"三換掌"動作，簡化後改為一次換掌，作為雙推手和肘底捶的銜接過程，不以定勢論；又如：原套路中不少發力動作的形式雖有差異，但勁路相同，簡化後的套路僅採用了"掩手肱捶"這一具有代表性的發勁動作。

陳式簡化太極拳共分四段。第一段十動，由以上肢運動為主的基本動作組成。第二段六動，以步法的轉換、上肢的伸展和捲放動作為主。第三段十動，安排了"左右擦腳"、"蹬一根"及"披身捶"、"背折靠"、"青龍出水"等動作，在運動難度、質量、節奏等方面處於套路的高潮。第四段十動，在身體起伏轉折的同時又安排了雙震、竄跳及拍腳動作。運動速度快慢相間，富於韻律感。

在動作的編排中，還照顧到使拳式左右對稱，一些典型動作，如"單鞭"、"六封四閉"、"金剛搗碓"等，在右勢的基礎上增加了對稱的左勢，以使身體得到平衡、全面的發展。

整套動作的編排，注意了動作對稱、不重複；段落中心內容突出，由簡到繁，易學易記。

（二）技術特點

在整個套路練習過程中，應注意以下特點。

（1）動作纏繞，曲折連貫

每個動作都是以螺旋式、抽絲式的運動為核心、由內及外的圓弧運動。外形主要表現為：上肢在空間做不同大小、不同形式的圓弧運動，同時上肢自身還要做螺絲形的旋轉進退動作（如"雲手"，兩臂在體前交互向外繞圈的同時，本身還要做內、外旋的轉動）。上肢在做圓弧纏繞運動的同時，全身上下都在和諧地進行着或大或小、或明或暗的圓弧動作的配合。加之動作往復之間有"折疊"手法，所以使得動作更加圓活曲折。

在整套太極拳各動作之間的銜接處，不可有明顯的停頓，一些技術手法，如"續換"、"折疊"等，是一種勁力的頓挫變換和動作銜接方式，而不是動作的停頓、斷續。套路中有一些發勁動作，如"掩手肱捶"，在蓄發之後也不應停頓，而應借發勁反彈之勢，鬆柔地銜接下一動作。這樣剛柔相濟，快慢相間，充分地體現了這個拳種有節奏的連續運動的特徵，並不違背太極拳運動連綿不斷、節節貫穿的技術原則。

（2）腰為主宰，以身帶臂

腰是上體和下肢轉動的關鍵，對全身動作的變化，調整重心的穩定，以及對推動勁力達到肢體遠端，都起着主要作用。太極拳的內勁運轉，是通過腰脊來帶動的，腰力運用得當，可加強發力、提高發力速度。從用力順序來講，做上肢動作時，力要起於腳發於腰，行於肩，通於臂，達於手；做下肢動作時，腰催動胯，行於膝，達於腳，俗語說："掌腕肘和肩，背腰胯膝腳，周身九節勁，節節腰中發。"

太極拳的虛實變換，關鍵在於腰側肌的收縮。左腰側肌收縮時，左腰側和左腿為實，右腰側和右腿為虛。反之亦同。

以身帶臂，在動作中的體現是：腰胯領先，帶動兩臂做極為纏綿曲折的進退、屈伸等各種圓弧運動。如在"起勢"動作中，身體向左前和右後來回擺動，帶動兩臂、兩手做由小到大的圓弧運動。然後接做"金剛搗碓"動作時，左腳向左前方擦出後，腰胯領先，使身體向前移動，帶動兩臂弧形運轉，向前做右虛步撩掌，而後完成"金剛搗碓"動作。寥寥幾動，處處都在體現腰為主宰的運動特點。

(3) 對稱協調，圓滿靈活

在演練陳式太極拳的全部過程中，都要具有"意欲向上，必先寓下；意欲向左，必先右去；前去之中，必有後撐；對拉拔長，曲中求直"的動作意向。這樣就可使身體不偏不倚，身形端正安舒、開中有合、合中有開。動作氣勢飽滿，周身體現出似展未展、欲發未發的一種潛轉的內含力。

由於重心的虛實、手法的"折疊"、步法的進退等柔和、協調的轉換，使得動作之間的衔接愈發顯得輕靈、圓活。

(4) 剛柔相濟，節奏鮮明

在動作的剛柔、速度的快慢、勁力的蓄發等矛盾的鮮明對比下，每個段落、每個動作中都會體現出較強的節奏感。如在

"掩手肱捶"一動中，蓄勁時的柔緩捲收和出拳發勁時的迅速展放所形成的節奏變化，正如俗語"蓄勁如張弓，發勁似射箭"所形容的那樣。

套路中的每個動作組合，也是由剛柔相濟、快慢相間的動作互相襯托構成的。如第三段中的"披身捶"、"背折靠"、"青龍出水"這一動作組合所形成的節奏對比就較為明顯。悠悠緩慢的"披身捶"與柔中寓剛的"背折靠"相接；再由輕靈柔和的過渡動作突轉快速發力的"青龍出水"。

(5) 動作清楚，擊法明確

陳式簡化太極拳每個動作的用法都比較明確，手、眼、身法、步、腿各部分在協調變化過程中，也具有攻防含義，所以在意念引導下，有的比較複雜的動作也容易掌握。如在"右擦腳"動作過程中，含有捋、掤、擖、拿、穿肘、踢襠、擊面的連續擊法，這樣動有法，路線清晰，力點準確，意識引導，有的放矢，增加了練拳的興趣。

(6) 呼吸與動作配合自然

練拳要用腹式呼吸，要求深、長、細、勻、緩。初練時呼吸要順其自然，不要故意做作；當熟練時呼吸與動作應協調配合，但也是在自然呼吸的基礎上，順其動作的開合、虛實來進行的。

呼吸的一般規律是：蓄、收、起、屈為吸；發、放、落、伸為呼。如在做"掩手肱捶"的過程中，周身蓄勁時應吸氣，擊拳發放時應呼氣。

二、基本功

動作示範說明

- 為了方便讀者查對動作的方向，本書示範照方位定為：面向為南，背向為北，左面為東，右面為西。方向轉變以人體胸部為準。
- 示範照中的動態線，是表明從這一動作到下一動作的路線和部位。左手、左腳為虛線（┄┄▶），右手、右腳為實線（──▶）。個別動作的線條因受角度、方向限制，可能不夠詳盡，應以文字說明為準。

　　基本功是掌握及提高該拳技術的基礎訓練、端正基本姿勢、提高專項素質、內外兼練的根本環節。陳式簡化太極拳的基本功練習內容是：（一）無極樁；（二）擦步；（三）轉換步。

（一）無極樁

【預備式】

（1）並腳直立

　　兩腳並攏，身體自然直立（胸朝南）。兩手輕貼在兩腿外側。目前平視，呼吸自然。

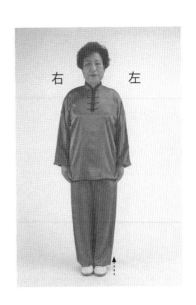

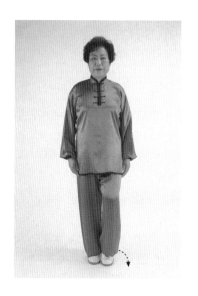

（2）開步站立

左腳慢慢提起，向左開步。

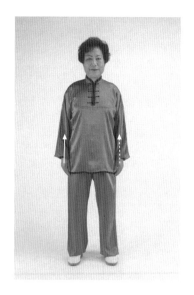

左腳落實，兩腳距離同肩寬，腳尖向前，重心落於兩腿之間。目前平視，呼吸自然。

【動作】

（1）兩臂前舉

　　兩臂向前向上慢慢抬起與胸同高，掌心均向下，指尖向前。目視前方。

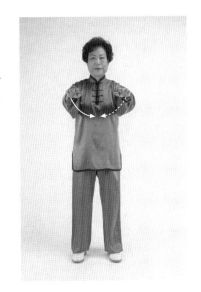

（2）兩臂圓抱

　　屈膝微蹲，上體正直，同時兩臂外旋撐圓，掌心向內成抱球狀，兩手食指尖相距10厘米。目視兩手之間，呼吸自然。這樣每次可練3～5分鐘。

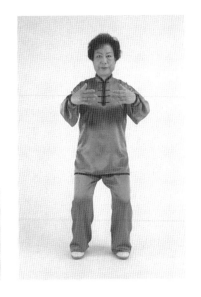

【要領】*兩臂圓抱時要虛領頂勁，頭正豎頸，下頦微收，口齒輕閉，舌尖自然舐上顎，鼻呼吸。沉肩墜肘，含胸拔背，鬆肩虛腋，神態自然，意導氣沉丹田。*

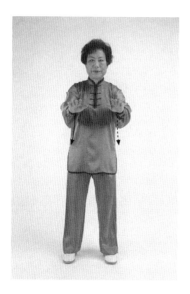

【收式】

（1）直立按掌

兩手臂內旋，掌心翻向下成兩臂前平舉，隨兩腿伸直按落於體側。指尖朝下，目視前方。

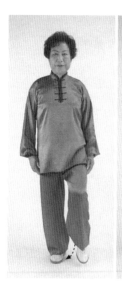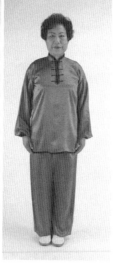

（2）並步站立

左腳慢慢提起，向右腳並攏。目視前方。

左腳落實，身體自然並步直立。目視前方。

（二）擦步

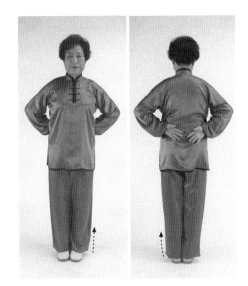

【預備式】

兩腳並攏自然站立（胸朝南）。兩手背（外勞宮穴）輕貼兩腰側（腎俞穴），掌心向後上方，手指自然展開。目視前方。

【動作】

（1）屈膝提腳

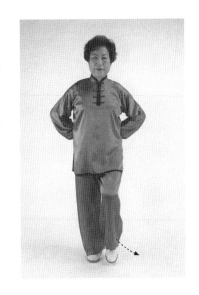

身體重心移至右腿並屈膝下蹲。同時左腳提起於右踝內側，腳尖翹起，離地面約10厘米。目視前方。

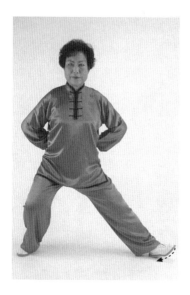

（2）屈膝擦步

右腿繼續屈膝下蹲，左腳尖翹起，以腳跟內側輕貼地面向左擦步至右腳約三腳距離，腳尖朝前上。目視前方。

（3）重心左移

左腳內扣，全腳着地，重心緩緩移至左腿。目視前方。

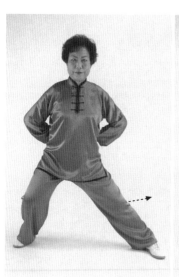

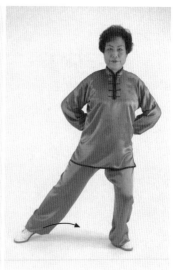

（4）收腳提步

　　右腳前掌內側輕貼地面慢慢收提至左踝內側，腳尖翹起，離地面約10厘米。

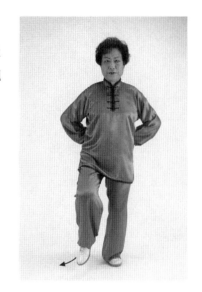

（5）屈膝擦步

　　左腿繼續屈膝下蹲，右腳尖翹起，以腳跟內側輕貼地面向右擦步，腳尖朝前上方。目視前方。

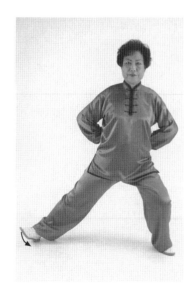

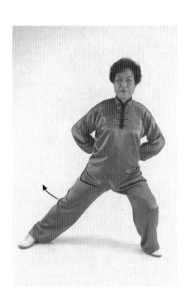

（6）重心右移

　　動作同(3)，唯左右相反。

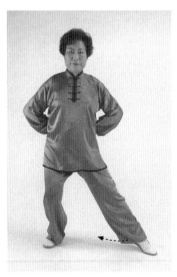

（7）收腳提步

動作同(4)，唯左右相反。

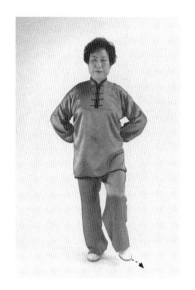

【要領】① 從動作 (1)～(7) 可以反復多次練習。 ② 保持身體正直。③ 提步時吸氣，擦步時呼氣。

【收式】

（1）屈膝收腳

一腳收回與另一腳並攏。目視前方。

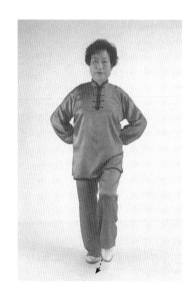

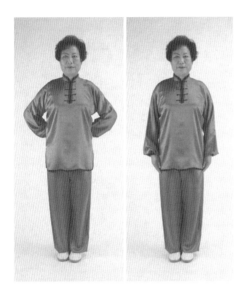

（2）並步站立

　　兩手落於體側，成並步自然直立。目視前方。

（三）轉換步

【預備式】

（1）並腳直立

　　面向西，兩腳並攏站立。目視前（西）方。

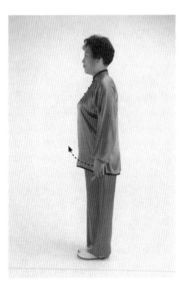

（2）疊手貼腹

　　兩臂微屈，兩手重疊輕貼於小腹（下丹田），掌心均朝內（男右手在外，女左手在外）。目視前方。

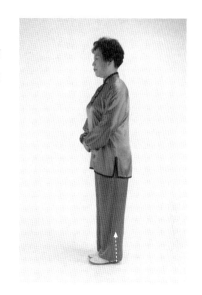

【動作】

（1）屈膝提腳

　　身體重心移至右腳，右腿屈膝微蹲，左腳提起。目視前方。

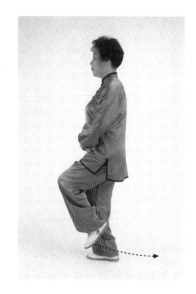

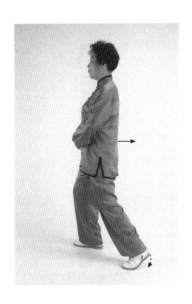

（2）撤步後移

　　左腳向左後撤半步，左腳
前掌先着地。

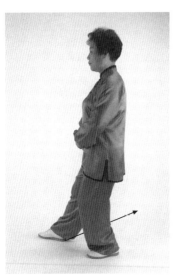

　　身體重心後移，左腳全掌
踏實，目視前方。

【要領】① 上體保持正直，氣沉下
丹田。② 左腳向後撤步時，腳尖
要內扣。③ 弧形擦步時，前半弧
為吸氣、後半弧為呼氣。

（3）屈蹲擦步

　　重心繼續後移至左腳，右
腳全掌輕貼地面（經左腳內側）
向右後方弧形擦動約二腳距
離。兩腳全腳掌踏實，兩腿屈
膝半蹲，重心略偏於左腿，成
左偏馬步。

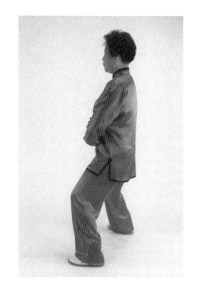

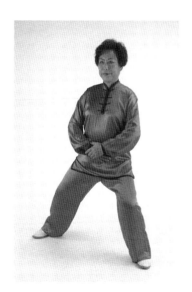

（屈蹲的正面姿勢）

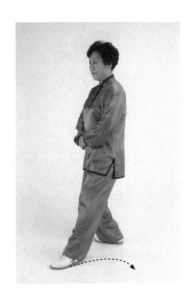

（4）撤步後移

　　動作同(2)，唯左右相反。

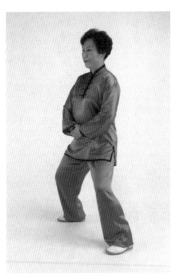

（5）屈蹲擦步

　　動作同(3)，唯左右相反。

【收式】

（1）屈膝收腳

後腳收回與前腳並攏。目視前方。

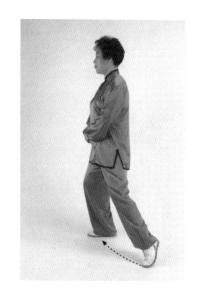

（2）並步站立

兩手落於體側，成並步自然站立。目視前方。

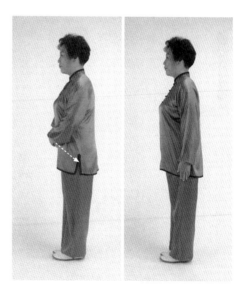

三、基本方法

（一）手型、手法

1. 手型

(1) **拳**：四指並攏，捲屈握攏，拇指扣壓在食指和中指的第二關節上（圖一）。拳包括拳心、拳背和拳面。

(2) **掌（瓦壠掌）**：手指自然伸直，拇指與小指根微內合，食指外張。掌有立掌、仰掌、俯掌和橫掌之分。

　　① 立掌：坐腕，指尖朝上 (圖二)。

　　② 仰掌：手心朝上或斜朝上 (圖三)。

　　③ 俯掌：手心朝下 (圖四)。

　　④ 橫掌：俯掌，小指側朝外 (圖五)。

(3) **勾手**：拇指和食指尖捏攏，虎口呈圓形，屈腕，餘手指自然屈攏 (圖六)。

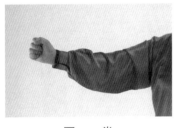

圖一　拳

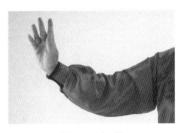

圖二　立掌

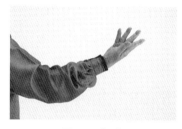

圖三　仰掌

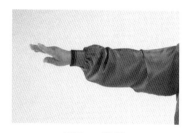

圖四　俯掌

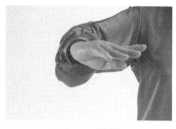

圖五　橫掌

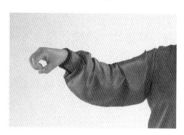

圖六　勾手

2. 手法

（1）**內旋**：掌心向小指側方向翻轉。

（2）**外旋**：掌心向拇指側方向翻轉。

（3）**纏繞**：手臂自轉的同時在空間弧形運轉。

（4）**折疊**：當前後兩動的運行路線形成往復時，就要在往復路線的銜接處加以折疊，即在前一動運勁到盡頭時，先向回折一小段距離，再弧形連接下一動，使之呈曲線形和緩地連接起來。折疊動作本身就是"意欲向上，必先寓下；意欲向左，必先右去"這一太極拳顯著特點的具體體現（圖七）。

舉例："披身捶"接"背折靠"時，右拳向左運行到盡頭，手腕輕輕向上鬆提，隨即向左、向下沉腕，就會自然圓活地過渡

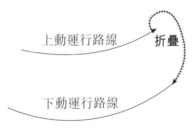

圖七　動作銜接處的折疊

到“背折靠”的開始動作。這一鬆提、沉腕的做法，即為“折疊”。

(5) **續換**：在動作運行到一定位置，勁路稍有頓挫時，就要在頓挫之後使“勁兒”鬆沉，動作沿原方向延長運行路線，自然緩和地連接下一動作。這種頓挫之後鬆沉、延長運行路線的做法，即為“續換”（圖八）。

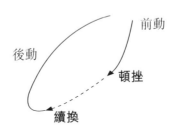

圖八　勁路的續換

（二）眼法

眼是傳神之窗，是內在意識的表露。意識貫注於動作之中，外在的體現便是手眼相隨。眼法的一般規律是：目光平視，看進攻的手或主攻的方位。忌偏頭斜視，瞪目圓睜。神態應自然，具體做法是：

(1) 在動作運行過程中，眼神隨着主要進攻手(較前方的手)運行(即眼隨手視)。目光宜靈活有神，眼要自然睜開，威而不猛，表現出沉着、機敏、嚴肅的神態。

(2) 手位於面前的動作定勢時，眼神自食指或中指尖端向前延展及遠。

(3) 凡是兩手上下、左右展開的亮勢動作（如白鶴亮翅），目光要平視遠望，有待機而動的神態。

（三）身型、身法

陳式太極拳對身型的要求是含胸拔背，尾閭中正，腰部鬆沉直豎，不偏不倚；沉肩墜肘，開胯圓襠。身法有提抽、回轉、開合等各種方式的變換。

(1) **提抽**：是指左右腰側肌的上下相對運動，向上為"提"，向下為"抽"。兩側腰肌的提抽，形成了腰兩側虛實的變換。右側腰肌上提時，左側腰肌下抽，此刻腰部即為右側虛，左側實。

由於"提抽"形成的腰部兩側的虛實轉化，同時也帶動着兩胯、兩腿的虛實變換，因而提抽運動也成了左右全身虛實的關鍵。如練"獸頭勢"時，運用的就是"提抽"身法。

(2) **回轉**：以腰脊為軸，上體左右旋轉即為"回轉"，如在

"雲手"動作過程中的身法變換就是"回轉"。

(3) **開合**：開為伸展，放大；合是收斂，縮小。身法的開合，從外形來講，"開"主要是指胸廓隨上肢的伸放而舒展，"合"主要是指胸廓隨上肢的縮收而含斂。兩臂和胸廓的開合是協調一致的。如"倒捲肱"的兩臂左右展開時，身法即為"開"；兩臂屈肘捲收時，身法即為"合"。

（四）步型、步法

1. 步型

(1) **偏馬步**：兩腳平行開立，相距約三腳半寬，兩腿屈膝下蹲，大腿稍高於水平；沉胯斂臀；上體正直；重心偏右為"右偏馬步"（圖九），重心偏左為"左偏馬步"。

(2) **半馬步**：兩腳平行開立，一腳腳尖外展，兩腿略蹲，上體轉向腳尖外展的方向，重心偏於後腿，左腳尖外展成左半馬步（圖十）。

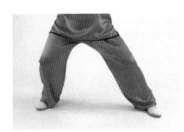
圖九　右偏馬步

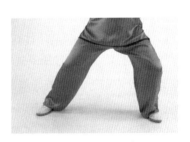
圖十　左半馬步

(3) **弓步**：兩腳前後站立，前腿屈膝，腳尖向前，大腿高於水平，膝尖不得超過腳尖；後腿微屈，後腳尖斜向前方，重心偏於前腿(圖十一)。

(4) **虛步**：兩腿均屈膝，兩腳跟之間的縱向、橫向距離均為 10 厘米左右，前腳踏實支撐體重，後腳全腳掌虛着地面(圖十二)。

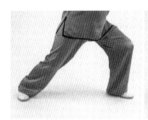 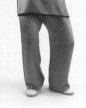 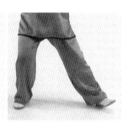

圖十一　弓步　　　圖十二　虛步　　　圖十三　擦步

2. 步法

(1) **提步**：一腳支撐身體重心，另一腳迅速屈膝抬起、着地。

(2) **擦步**：一腿支撐重心，屈膝下蹲；另一腿由屈到伸，以腳跟內側着地、輕貼地面滑動(圖十三)。

(3) **跟步**：後腿屈膝，腳尖外擺，全腳掌擦着地面向前腳跟近。

(4) **轉換步**：在步法進退的重心轉換過程中，前一步與後一步之間要呈曲線形緩和地連接。這種弧形進退的步法即為"轉換步"。如"倒捲肱"動作中，兩腳的連續後退，採用的就是弧形轉換步。

（五）基本方法的練習

基本方法是構成基本動作的要素。基本方法的練習是掌握該拳動作技術的根本途徑，是學拳的入門嚮導。學拳如不從基本方法入手，比葫蘆畫瓢，囫圇吞棗，該拳的風格特點就不突出。故在學習套路動作之前，首先要進行基本方法練習。

陳式太極拳上肢運動的方法和路線是纏繞而曲折多變的，其實質是纏絲勁。纏絲勁表現在：上肢的旋腕轉膀；下肢的旋踝轉腿；軀幹的旋腰轉脊。在太極拳的一動無有不動的要求下，三者的關係應是起於腿、主宰於腰而形於手指。在教學套路之前，首先要進行上肢的基本方法練習。

1. 預備動

（1）並腳直立

　　胸朝南，兩腳並攏站立。目視前方。

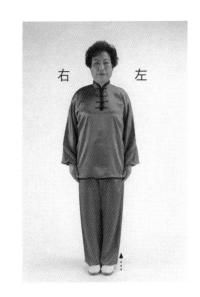

右　　　左

（2）開步站立

　　身體重心慢慢移至右腿。左腿屈膝，左腳腳跟、腳尖依次離地慢慢提起向左開步，腳尖、腳跟依次着地，全腳踏實。兩腳相距同肩寬，重心移於兩腳之間。目前平視。

【要領】*頭要正直，頂虛虛領起，下頦微收，口輕閉，舌微抵上顎，兩肩放鬆下沉，身體放鬆，上體端正，兩腿自然開立。呼吸自然，意存丹田。*

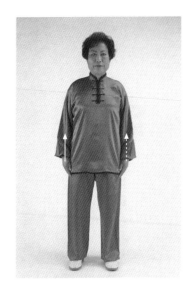

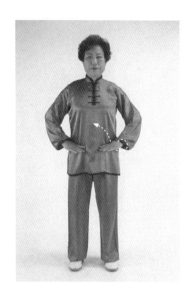

2. 外旋、內旋練習

【預備式】

　　兩臂屈肘上提，兩手收於腰間，掌心均向下，兩掌拇指側輕貼腰部，掌指均向前。目前平視。

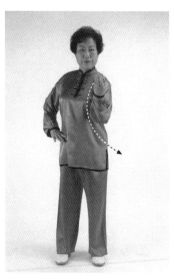

【動作】

（1）左臂外旋

　　上體微右轉，左臂外旋向左前方伸出，肘尖下垂，臂微屈，左掌同胸高，小指側翻向上，指尖朝左前。目視左掌。

【要領】*要以身帶臂，左臂應隨腰部右轉緩慢向左前方旋轉伸出。外旋伸臂時手節領先，肘節相隨，肩要鬆沉催勁。左掌小指側向內裹勁上翻。同時目隨手視。*

（2）左臂內旋

上體微左轉(胸朝南)，左臂內旋回收，左掌收於左腰側，掌心向下，拇指側輕貼腰部，掌指尖朝前。目隨手視。

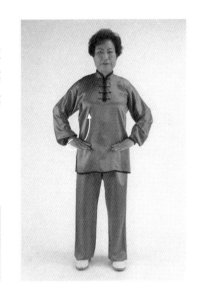

【要領】以身帶臂，左臂要隨上體左轉緩緩內旋回收。回收時要鬆肩屈肘，以肘帶手，拇指側向內裹勁下翻。目隨手視，但勿低頭。

（3）右臂外旋

動作同(1)，唯左右相反。

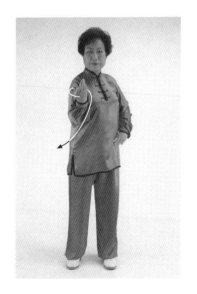

【練習步驟】以上左臂外旋、內旋及右臂外旋、內旋的練習方法，在教學或練習時可採取三個步驟：一，一臂單獨反復作外旋、內旋練習，如動作(1)、(2)；二，左右兩臂交替輪作外旋、內旋的重複練習，如動作(1)、(2)、(3)、(4)；三，一臂外旋伸出，另一臂內旋回收，兩者交替反復練習，如動作(5)、(6)。

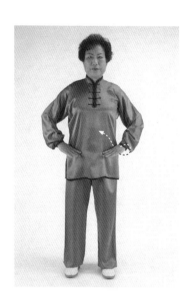

（4）右臂內旋

　　動作同(2)，唯左右相反。

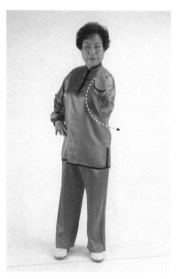

（5）左臂外旋

　　上體微右轉，左小臂外旋向左前方伸出，肘尖下垂，臂微屈，左掌同胸高，小指側翻向上，指尖朝左前。目視左掌。

【要領】應以身帶臂，動作協調一致。

(6) 內外旋臂

上體微左轉，左小臂內旋回收，左掌收於左腰側，掌心向下，拇指側輕貼左腰部，掌指尖朝前。在左臂內旋回收的同時，右臂外旋，向右前方伸出，肘尖下垂，臂微屈，右掌同胸高，小指側翻向上，指尖朝前。目視右掌。

【要領】應以身帶臂。動作協調一致。

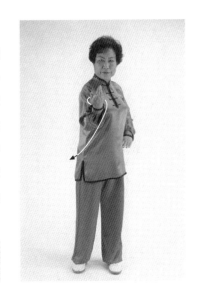

【收式】

(1) 轉體收掌

上體微右轉(胸朝南)，右小臂內旋回收，右掌收於右腰側，掌心向下，拇指側輕貼右腰部，掌指尖朝前。目隨手視，但勿低頭。

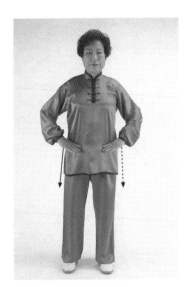

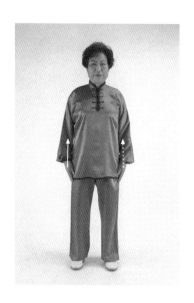

（2）落手開立

兩臂慢慢伸直下垂，兩手下落輕貼於兩腿外側，兩腿自然開立。目前平視。

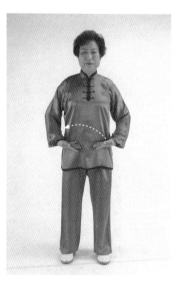

3. 橫掌練習

【預備式】

兩腳開立，兩臂外旋屈肘上提，兩小指側輕貼腰部，掌心均朝上。目前平視。

【動作】

（1）轉體穿掌

上體右轉（胸朝西南），隨身體的轉動，左臂外旋，左掌經腹前向西穿出，臂微屈，左掌同腰高，左掌心斜向上。目視左掌。

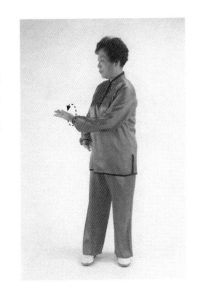

（2）旋臂翻掌

上動不停，左臂內旋，左掌心翻向下。目視左掌。

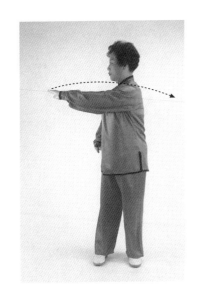

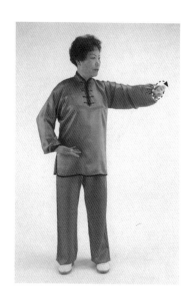

（3）轉體拉掌

上體左轉（胸朝南）。同時左掌向上向左經面前劃弧拉橫掌至身體左前方，同肩高，掌心斜向下。目視左掌。

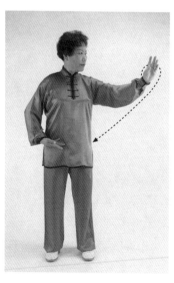

（4）旋臂立掌

上動不停，左臂微外旋，坐腕成立掌，掌指同肩高，手心朝左前方。目視左掌。

（5）左臂回收

　　上動不停，左臂外旋回收，左掌心翻向上，小指側輕貼腰部，掌指朝前。目視左掌。

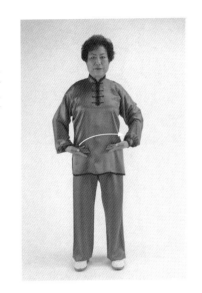

（6）轉體穿掌

　　動作同(1)，唯左右相反。

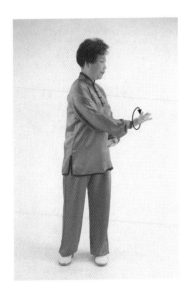

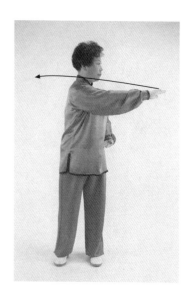

（7）旋臂翻掌

　　動作同(2)，唯左右相反。

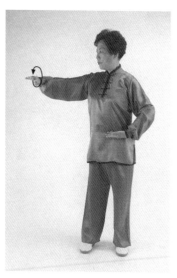

（8）轉體拉掌

　　動作同(3)，唯左右相反。

（9）旋臂立掌

　　動作同(4)，唯左右相反。

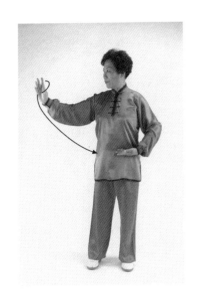

（10）右臂回收

　　動作同(5)，唯左右相
反。

【要領】① 動作(1)～(5)為左橫掌練習；(6)～(10)為右橫掌練習。這兩套練習可以交替反復進行，一般按四八拍練習為宜。　② 以身帶臂，上肢動作要圓活連貫。　③ 精神和勁力要貫徹始終，不要鬆懈，呼吸要自然。

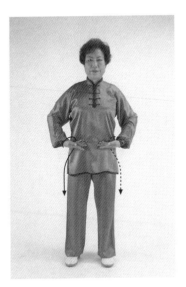

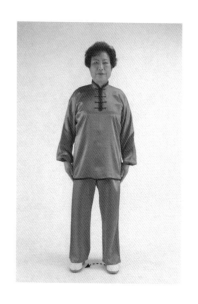

【收式】

（1）落手開立

　　兩臂內旋慢慢伸直下垂，兩手下落輕貼於大腿兩側。身體正直，兩腿自然開立。目前平視。

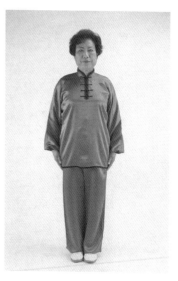

（2）並步站立

　　身體重心慢慢移至右腿，左腳提起向右腳並攏，成並腳自然站立。目前平視。

四、基本動作——
陳式簡化太極拳八勢

　　基本動作是從套路動作中提煉出來，是最有風格特點的典型動作（不等於最簡單的動作）。這些典型動作是整個技術套路動作的核心，要經常反復練習，動作左右對稱，才能突出該拳的風格特點，提高技術水平。

　　從陳式簡化太極拳套路動作中提煉出來的有八個基本動作，稱為“陳式簡化太極拳八勢”，這八勢是：

　　（一）捲肱

　　（二）雲手

　　（三）掩手肱捶

　　（四）野馬分鬃

　　（五）金雞獨立

　　（六）拍（擦）腳

　　（七）攬扎衣

　　（八）單鞭

　　陳式簡化太極拳八勢應按二八呼練習。一八呼時的動作，附示範圖和文字解說。二八呼時的動作，與第一八呼相同，唯方向相反，圖及文字解說一律從略。

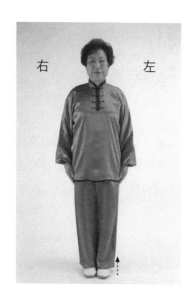

右　　　　左

【預備式】

（1）並腳直立

　　兩腳並攏，自然站立。

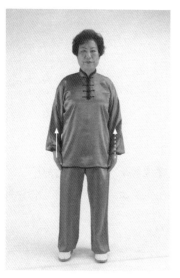

（2）開步站立

　　重心移於右腳，左腳向左橫開半步。重心移至兩腳之間成兩腳平行開立。目向前平視。

（一）捲肱

（1）兩臂前舉

　　兩臂慢慢提起至與胸等高，與肩同寬。掌心朝下，指尖向前。目前平視，這時緩緩吸氣。

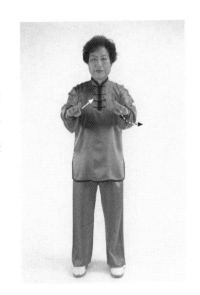

（2）屈膝橫掌

　　兩腿屈膝微蹲，上體微左轉，同時左手向下、向後劃弧至左胯旁，臂微屈，掌心朝下，掌指朝右前方。右掌向右前橫推，臂微屈同胸高，掌心朝前下方，指尖朝左前方。目視右掌，這時呼氣。

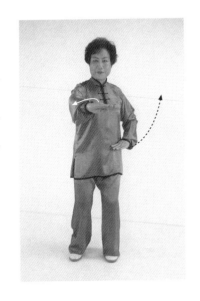

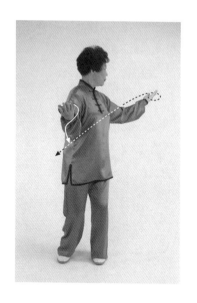

（3）旋臂翻掌

上體繼續左轉，同時左手繼續向後、向左前上方劃弧外旋，掌心翻向上，掌指朝左前方。右掌繼續向前上劃弧外旋，掌心翻向上至身體右前方，臂微屈同肩高，指尖斜向上。目視左掌，這時吸氣。

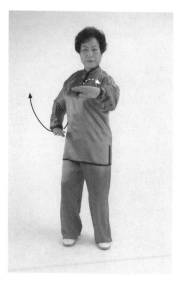

（4）轉體橫掌

上體右轉90°，同時左臂屈肘，左掌內旋經左耳下向前橫推至身體左前方，臂微屈同胸高，掌心朝前下方，掌指朝右上方。右手內旋向下、向後劃弧至右胯旁，臂微屈，掌心向下掌指向前。目視左掌。這時呼氣。

此為左捲肱定式。

（5）旋臂翻掌

上體繼續右轉，同時右手繼續向後、向右前上方劃弧外旋，掌心翻向上至身體右前方，臂微屈同肩高，掌指朝右前方。左掌繼續向前上方劃弧外旋，掌心翻向上，至身體左前方，臂微屈同肩高，指尖斜向上。目視右掌，這時吸氣。

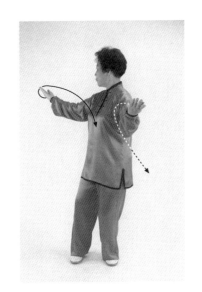

（6）轉體橫掌

上體右轉 90°，同時右臂屈肘，右掌內旋經右耳下向前橫推至身體右前方，臂微屈同胸高，掌心朝前下方，掌指朝左上方。左手內旋向下向後劃弧至左胯旁，臂微屈，掌心向下，掌指朝右前方。目視右掌。這時呼氣。

此為右捲肱定式。

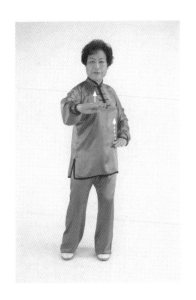

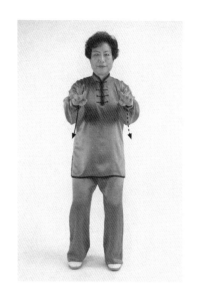

（7）兩臂前舉

上體微右轉（胸朝南）；同時左臂向前、向上劃弧成兩臂胸前平舉，兩臂微屈同肩寬，掌心均向下，掌指朝前。目視前方，這時吸氣。

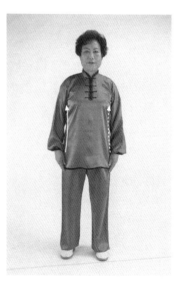

（8）直立按掌

兩腿慢慢伸直；同時兩掌緩緩下按落至兩腿外側，成開步自然站立。目前平視，這時呼氣。

（9）兩臂前舉

　　動作同(1)

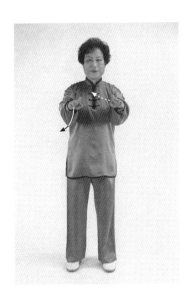

（10）屈膝橫掌

　　動作同(2)，唯左右相反。

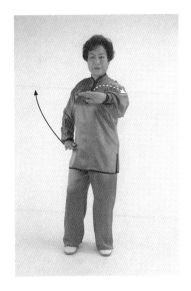

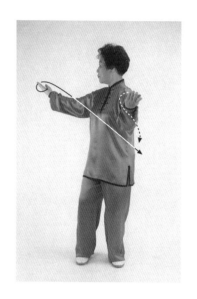

（11）旋臂翻掌

　　動作同（3），唯左右相反。

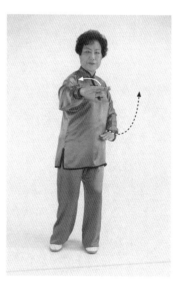

（12）轉體橫掌

　　動作同（4），唯左右相反。

（13）旋臂翻掌

　　動作同(5)，唯左右相
反。

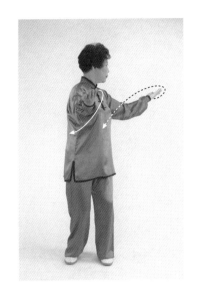

（14）轉體橫掌

　　動作同(6)，唯左右相
反。

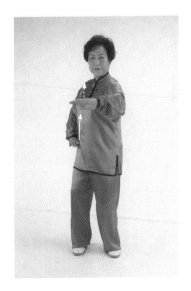

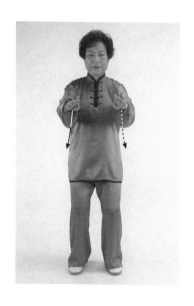

（15）兩臂前舉

動作同(7)

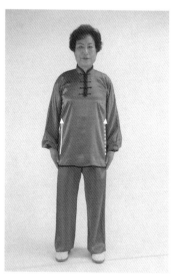

（16）直立按掌

動作同(8)

（二）雲手

（1）兩臂前舉

兩臂慢慢提起至與胸等高，與肩同寬。掌心朝下，指尖朝前。這時緩緩吸氣。

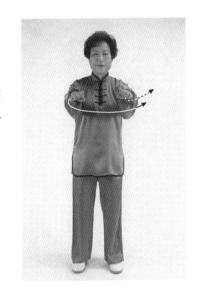

（2）旋臂推掌

兩腿屈膝微蹲，身體微左轉，重心微左移；同時兩臂微屈，左下臂內旋，右下臂外旋，兩掌向左推出，左掌在上至左胸前，右掌在下至左腰高，相距約15厘米，掌心均向左，指尖朝前。目視左掌，這時呼氣。

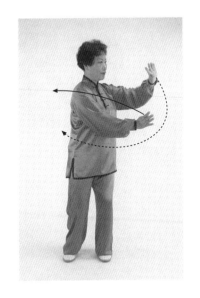

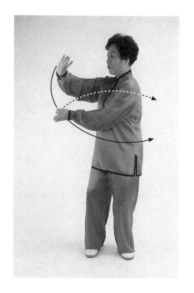

（3）右雲手

上體微右轉，重心微右移。同時右掌內旋向上經胸前向右劃至身體右前方，指尖同肩高，臂微屈，掌心朝外。左掌外旋、掌心朝右經腹前向右劃弧至右手下方約20厘米處，臂微屈，掌心向右，指尖朝前。目視右掌。這時吸氣。

此為右雲手定式。

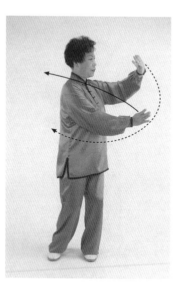

（4）左雲手

上體微左轉，重心微左移。同時左掌內旋向上經胸前向左劃弧至身體左前方，指尖同肩高，臂微屈，掌心朝外。右掌外旋掌心朝左，經腹前向左劃弧至右手下方約20厘米處，臂微屈，掌心朝左，指尖向前。目視左掌。這時呼氣。

此為左雲手定式。

（5）右雲手

　　動作同(3)

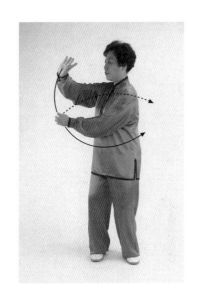

（6）左雲手

　　動作同(4)

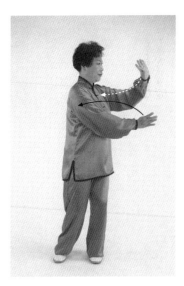

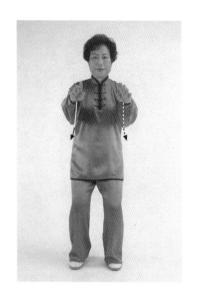

（7）兩臂前舉

身體微右轉（胸朝南），右掌內旋向右、向下劃弧，左掌外旋，兩臂成胸前平舉。臂微屈同肩寬，掌心均朝下，指尖向前。目視前方，這時吸氣。

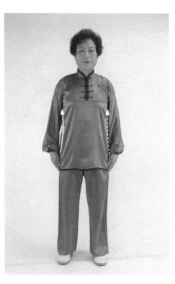

（8）直立按掌

兩腿慢慢伸直，同時兩手緩緩下按落至兩腿外側，成開步自然站立。目前平視，這時呼氣。

（9）兩臂前舉

　　動作同(1)

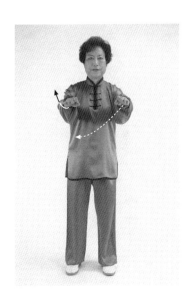

（10）旋臂推掌

　　動作同(2)，唯方向相反。

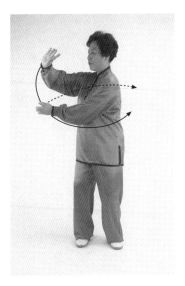

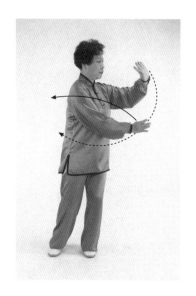

（11）左雲手

　　動作同(3)，唯方向相反。

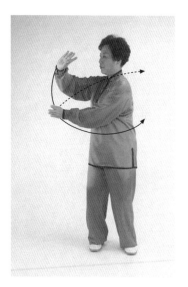

（12）右雲手

　　動作同(4)，唯方向相反。

（13）左雲手

　　動作同(5)，唯方向相反。

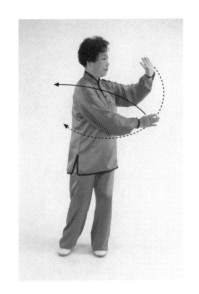

（14）右雲手

　　動作同(6)，唯方向相反。

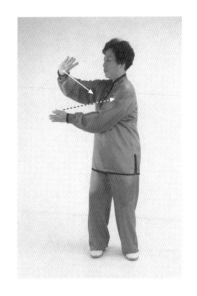

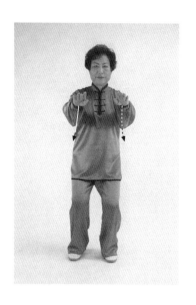

（15）兩臂前舉

　　動作同(7)

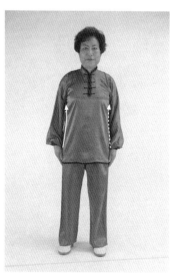

（16）直立按掌

　　動作同(8)

（三）掩手肱捶

（1）兩臂前舉

兩臂慢慢提起至與胸等高，與肩同寬。掌心朝下，指尖朝前。這時緩緩吸氣。

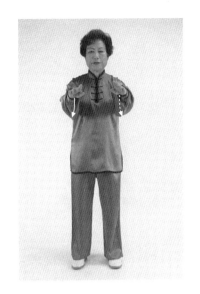

（2）屈膝按掌

兩腿屈膝微蹲，兩手緩緩下落至腹前，掌心向下，指尖朝前。目視前下方，這時呼氣。

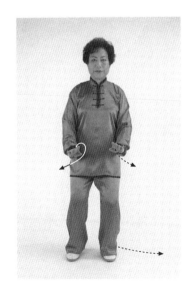

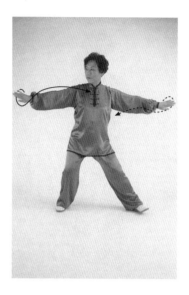

（3）擦步分掌

重心移至右腳，左腳向左擦出一步成右偏馬步；同時兩掌向左右、向上劃弧分掌與胸高。

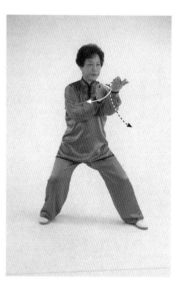

（4）馬步合臂

兩臂外旋內合。左掌心翻向上，拇、食兩指伸直，餘指屈攏，成表示"八"的手勢；臂微屈，肘下垂；掌同胸高，指尖朝左前方。右臂外旋，同時右掌變拳屈肘立於左胸前，拳心朝右後方。目視左掌，這時吸氣。

（5）馬步擊拳

上體微左轉，重心微左移，成左偏馬步。同時左掌內旋迅速收至左腹前，手型不變，掌心緊貼左腹。右拳沿左小臂上方內旋，向左前方擊出。目視右拳。這時呼氣。

此為右掩手肱捶定式。

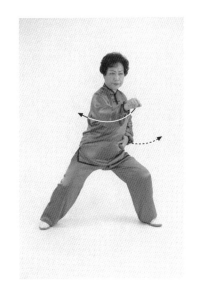

（6）轉體分掌

上體微右轉，重心微左移，成左偏馬步。同時右拳變掌，兩掌同時向下、向左右、向上分掌。目視右掌。

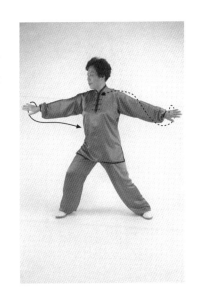

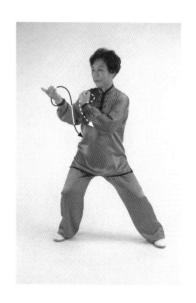

（7）馬步合臂

　　兩手外旋內合。右掌心翻向上，拇、食二指自然伸直；餘指屈攏，成表示"八"的手勢；臂微屈，肘下垂；掌同胸高，指尖朝右前方。左臂外旋，同時左掌變拳屈肘立於右胸前，拳心朝左後方。目視右掌，這時吸氣。

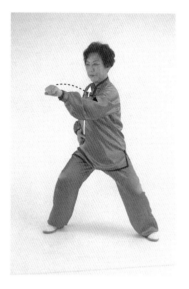

（8）馬步擊拳

　　動作同(5)，唯左右相反。此為左掩手肱捶定式。

（9）兩臂前舉

上體微左轉(胸朝南)，重心移至左腿，右腳內扣，兩腳平行開立，與肩同寬。兩腿微屈，上體正直。同時左拳變掌，右手向前向上劃弧，兩臂成胸前平舉，與肩同寬，掌心均朝下，指尖向前。目前平視，這時吸氣。

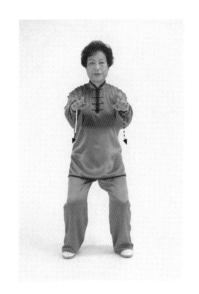

（10）直立按掌

兩腿慢慢伸直，同時兩掌緩緩下按落至兩腿外側，成開步自然站立。目前平視，這時呼氣。

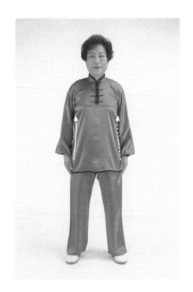

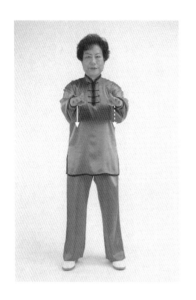

（11）兩臂前舉

　　動作同(1)

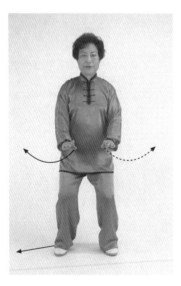

（12）屈膝按掌

　　動作同(2)

（13）擦步分掌

　　動作同(3)，唯左右相
反。

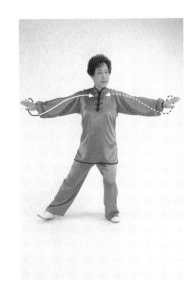

（14）馬步合臂

　　動作同(4)，唯左右相
反。

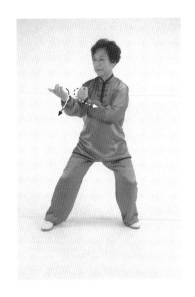

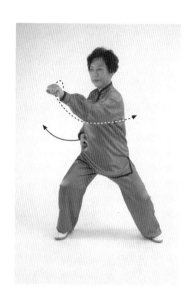

（15）馬步擊拳

　　動作同(5)，唯左右相反。

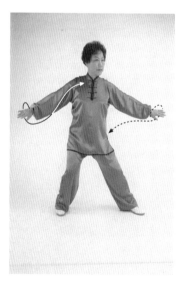

（16）轉體分掌

　　動作同(6)，唯左右相反。

（17）馬步合臂

　　動作同(7)，唯左右相反。

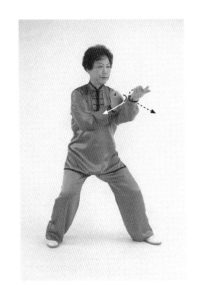

（18）馬步擊拳

　　動作同(8)，唯左右相反。

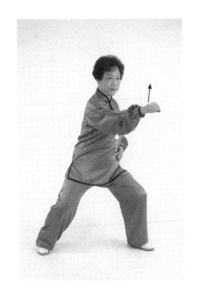

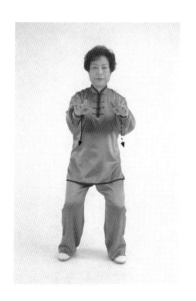

（19）兩臂前舉

　　動作同(9)

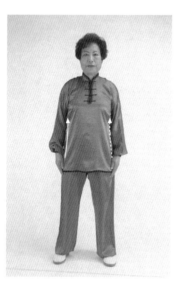

（20）直立按掌

　　動作同(10)

（四）野馬分鬃

（1）兩臂前舉

　　兩臂慢慢提起至與胸等高，與肩同寬。掌心朝下，指尖朝前。這時緩緩吸氣。

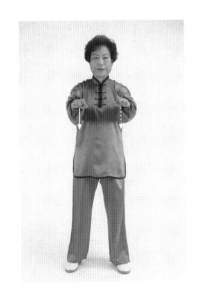

（2）屈膝按掌

　　兩腿屈膝微蹲，兩手緩緩下落至腹前，掌心朝下，指尖向前。目視前下方，這時呼氣。

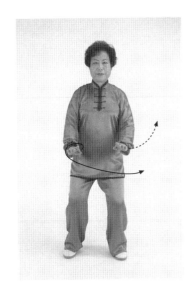

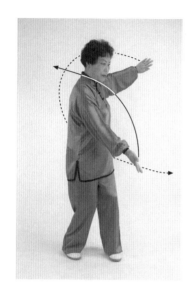

（3）轉體撩掌

重心左移，右腳尖內扣，上體左轉。同時右掌外旋向下、向左前劃弧於左腹前，掌心向左上方；左掌內旋向上、向後劃弧至同肩高，掌心朝後。目視右掌。

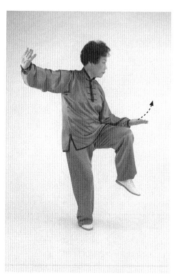

（4）提膝托掌

重心移至右腿，左腿屈膝提起，腳尖自然下垂。同時右掌內旋，繼續向上、向右經胸前劃弧於右胸前，至同右肩高，掌心朝前，指尖向左。左掌繼續向上、向後、向下劃弧於左胯側，掌心向上，指尖朝左前方。目視左掌，這時吸氣。

（5）馬步穿掌

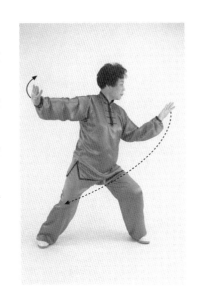

右腿屈膝下蹲，左腳向左落地擦出一步，成左偏馬步。同時左掌向左前方微外旋穿出，左臂屈肘，左掌同胸高，小指側翻向上，指尖向左前方。右臂微屈，右掌心朝外，指尖向左前方。目視左掌方向。這時呼氣。

此為野馬分鬃左式。

（6）轉體撩掌

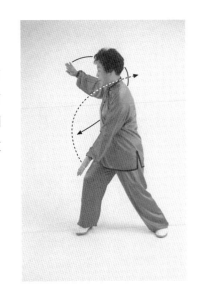

重心右移，左腳尖內扣，上體右轉。同時左掌外旋向右前劃弧撩於右腹前，掌心向右上方；右掌內旋向上、向後劃弧同肩高，掌心朝後。目視左掌。

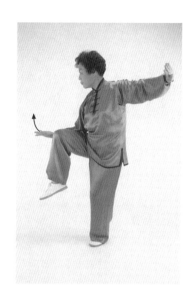

（7）提膝托掌

　　重心移至左腿，右腿屈膝提起，腳尖自然下垂。同時左掌內旋，繼續向上向左經胸前劃弧於身體左側，同左肩高，掌心朝外，指尖向右前方。右掌繼續向上、向後、向下劃弧托於右膝外，掌心向上，指尖朝右前方。目視右掌，這時吸氣。

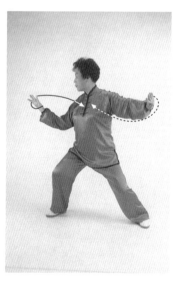

（8）馬步穿掌

　　左腿微屈下蹲，右腳向右前落地擦出一步，成右偏馬步。同時右掌向右前方微外旋穿出，右臂屈肘，右掌同胸高，小指側翻向上，指尖向右前方。左臂微屈內旋，左掌心朝外，指尖向右前上方。目視右掌方向。這時呼氣。

　　此為野馬分鬃右式。

(9) 兩臂前舉

上體微左轉，右腳尖內扣，重心移至右腳左腳回收成屈膝開立。同時左手外旋，右手內旋，隨身體微左轉兩手同時劃弧回至胸前平舉，兩掌心翻向下。目前平視，這時吸氣。

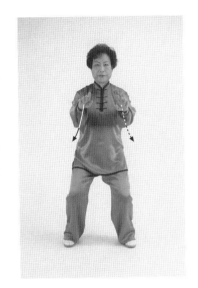

(10) 直立按掌

兩腳慢慢伸直，同時兩掌緩緩下按落至兩腿外側，成開步自然站立。目前平視，這時呼氣。

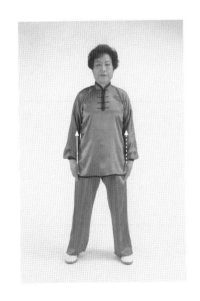

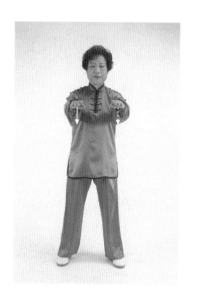

（11）兩臂前舉

　　動作同(1)

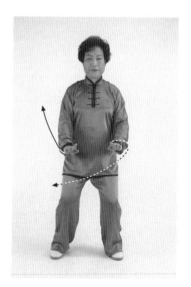

（12）屈膝按掌

　　動作同(2)

（13）轉體撩掌

　　動作同(3)，唯左右相
反。

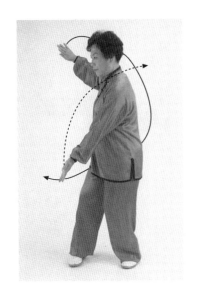

（14）提膝托掌

　　動作同(4)，唯左右相
反。

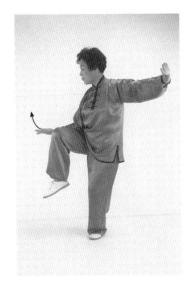

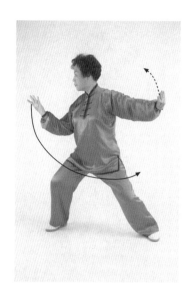

（15）馬步穿掌

　　動作同(5)，唯左右相反。

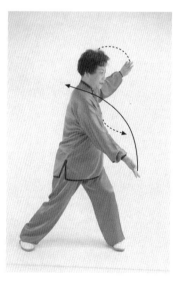

（16）轉體撩掌

　　動作同(6)，唯左右相反。

（17）提膝托掌

　　動作同(7)，唯左右相
反。

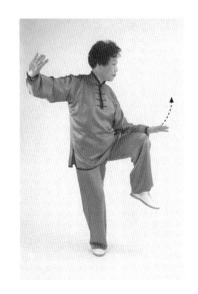

（18）馬步穿掌

　　動作同(8)，唯左右相
反。

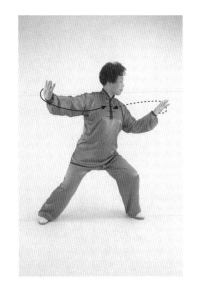

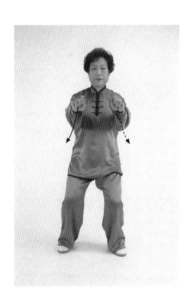

（19）兩臂前舉

　　動作同(9)

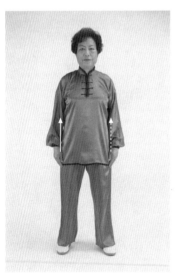

（20）直立按掌

　　動作同(10)

（五）金雞獨立

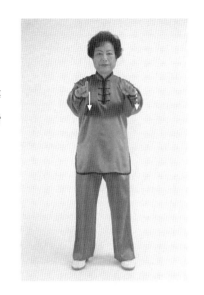

（1）兩臂前舉

兩臂慢慢提起至與胸等高，與肩同寬。掌心朝下，指尖向前。這時緩緩吸氣。

（2）屈膝按掌

兩腿屈膝微蹲，兩手緩緩下按落至腹前，掌心朝下，指尖向前。目視前方，這時呼氣。

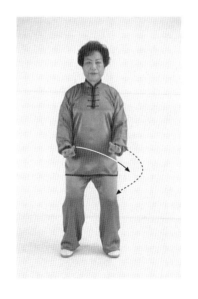

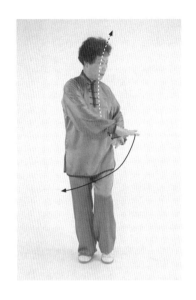

（3）收腳收掌

重心移至右腳。左腳跟提起，腳前掌擦地收至右腳內側約10厘米處。同時左掌向左、向下、向右劃弧外旋收至左胯旁，掌心向上，指尖向前。右掌向左向下劃弧至左腹前，掌心向下，指尖向左。目視右掌，這時吸氣。

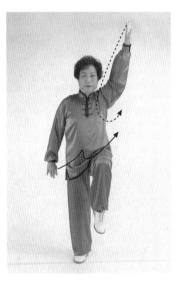

（4）提膝穿掌

左腿屈膝提起，腳尖自然下垂，同時左掌外旋向上經面前內旋向上穿出，掌心向左，指尖朝上。右掌向下、向右劃弧按至右胯旁，掌心向下，指尖朝前。目視前方。這時呼氣。

此為金雞獨立右式。

（5）踏腳按掌

　　右腿微蹲，左腿下落踏
腳。同時左掌下落與右掌同時
在左腹前搨按。目視左掌，這
時短吸呼氣。

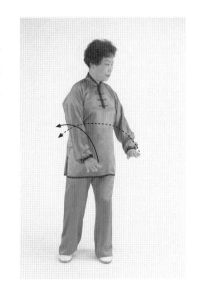

（6）擦步推掌

　　重心移至右腳，左腳向左
擦出一步。同時兩掌繼續向
左、向上、向右經腹前劃弧推
於右前方，同腰高。目視右
掌。

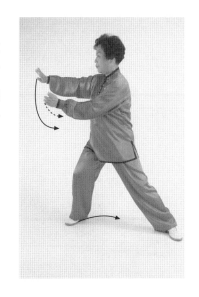

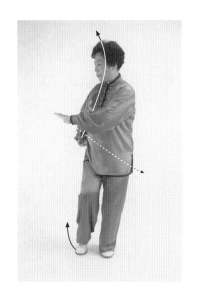

(7) 收腳收掌

重心移至左腳。右腳跟提起，腳前掌擦地收至左腳內側約10厘米處。同時右掌繼續向右、向下、向左劃弧並外旋至右胯旁，掌心向上，指尖朝前。左掌向右、向下繼續劃弧至右腹前，掌心向下，指尖朝右。目視右掌，這時吸氣。

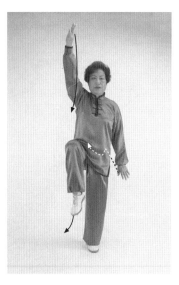

(8) 提膝穿掌

右腿屈膝提起，腳尖自然下垂。同時右掌外旋向上經面側內旋向上伸出，掌心向右，指尖朝上。左掌向下、向左劃弧至左胯旁，掌心向下，指尖朝前。目視前方。這時呼氣。

此為金雞獨立左式。

（9）兩臂前舉

右腳下落成屈膝開立。右手向下按，左手向上劃弧，成兩臂前平舉，與肩同寬，掌心向下，指尖朝前。目前平視，這時吸氣。

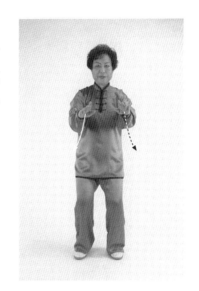

（10）直立按掌

兩腿慢慢伸直，同時兩掌緩緩下按落至兩腿外側，成開步自然站立。目前平視，這時呼氣。

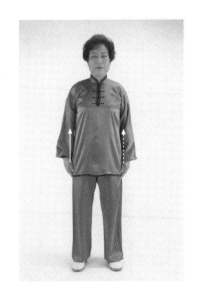

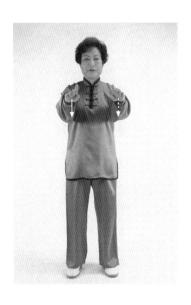

（11）兩臂前舉

　　動作同(1)

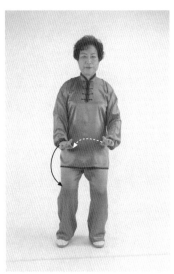

（12）屈膝按掌

　　動作同(2)

（13）收腳收掌

　　動作同(3)，唯左右相反。

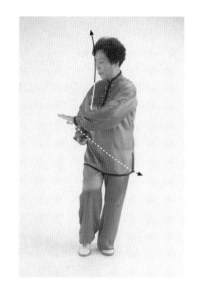

（14）提膝穿掌

　　動作同(4)，唯左右相反。

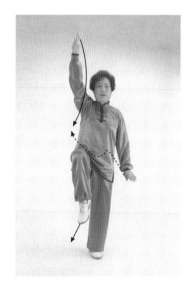

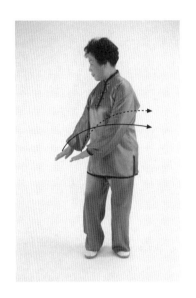

（15）踏腳按掌

　　動作同（5），唯左右相反。

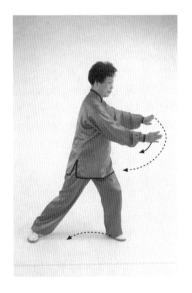

（16）擦步推掌

　　動作同（6），唯左右相反。

（17）收腳收掌

　　動作同(7)，唯左右相
反。

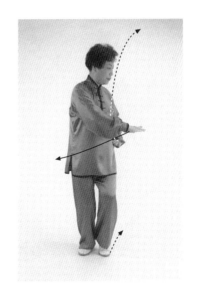

（18）提膝穿掌

　　動作同(8)，唯左右相
反。

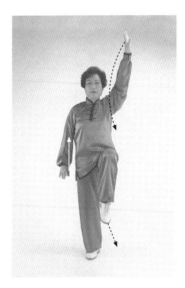

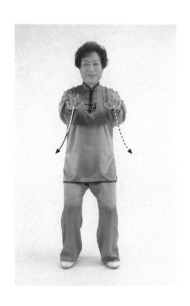

（19）兩臂前舉

　　動作同(9)，唯左右相反。

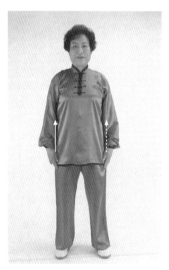

（20）直立按掌

　　動作同(10)

（六）拍（擦）腳

（1）兩臂前舉

兩臂慢慢提起至同胸高，同肩寬，掌心朝下，指尖向前。這時緩緩吸氣。

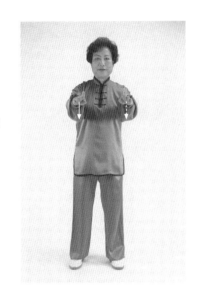

（2）屈膝按掌

兩腿屈膝微蹲，兩手緩緩下按落至腹前，掌心朝下，指尖向前。目視前方，這時呼氣。

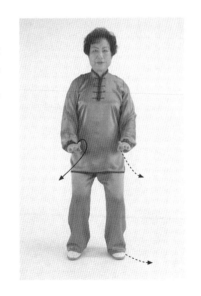

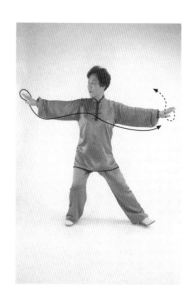

（3）擦步分掌

　　兩腿微屈，重心移至右腿，左腳向左擦出一步。同時兩掌向下、向後、向上，分別向左右劃弧至同胸高。目視右掌，這時吸氣。

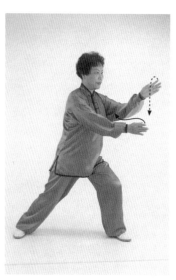

（4）弓步合臂

　　上體左轉，重心移至左腿成左弓步。同時左掌外旋，掌心朝右，指尖向前上方。右掌外旋向左、向下劃弧合至左掌下約 20 厘米處，掌心朝左後，指尖向左前。目視左掌，這時吸氣。

(5) 屈肘疊臂

兩臂內旋屈肘，兩小臂裡外相疊，右臂在裡，掌心均向下。目視左掌，這時吸氣。

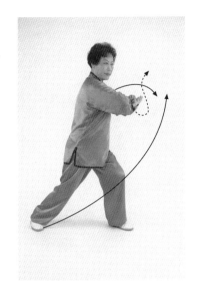

(6) 舉掌拍腳

重心全部移至左腳，右腳提起，向右前上方踢出。同時左掌向下、向後、向左、向上劃弧平舉與肩同高，臂微屈，掌心斜向下，指尖朝右上方。右掌向上、向右經胸前劃弧向下擊拍右腳面。目視右掌。這時呼氣。

此為右拍腳定式。

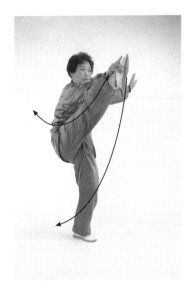

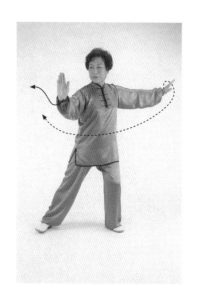

（7）落腳立掌

左腿屈膝，身體下降。左腳向右後下落擦步，上體微轉。右臂微屈，右掌立於右胸前，指尖同肩高。目視右掌，這時吸氣。

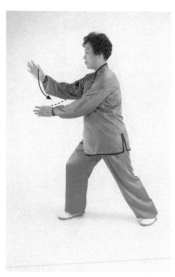

（8）弓步合臂

重心右移成右弓步。同時右掌向下、向後、向上、向左外旋劃弧至右胸前，掌心朝左，指尖向前上方。左掌外旋向下、向右劃弧至右掌下約20厘米處，掌心朝右後，指尖向右前方。目視右掌，這時呼氣。

（9）屈肘疊臂

　　動作同(5)，唯左右相反。

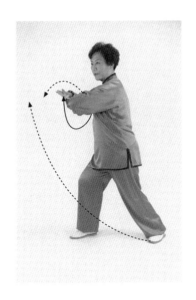

（10）舉掌拍腳

　　動作同(6)，唯左右相
反。

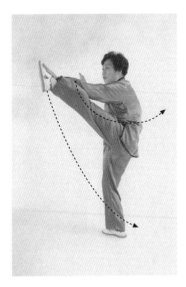

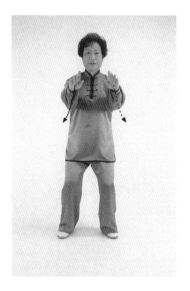

（11）兩臂前舉

　　左腳向左後方下落並踏
實，身體微左轉，左腳尖內
扣，重心移至兩腿之間，兩腿
微屈。同時兩臂胸前成平舉，
兩掌心朝下，指尖向前。目視
前方，這時吸氣。

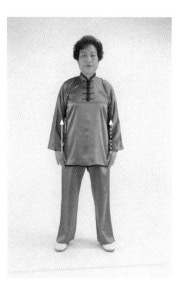

（12）直立按掌

　　兩腿慢慢伸直，同時兩
掌緩緩下按落至兩腿外側，成
開步自然站立。目前平視，這
時呼氣。

（13）兩臂前舉

　　動作同(1)

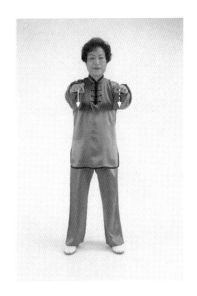

（14）屈膝按掌

　　動作同(2)

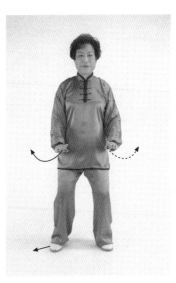

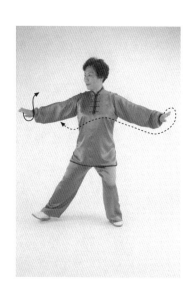

（15）擦步分掌

　　動作同(3)，唯左右相
反。

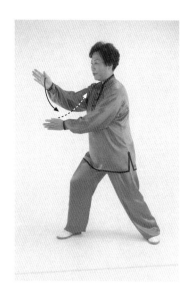

（16）弓步合臂

　　動作同(4)，唯左右相
反。

（17）屈肘疊臂

　　動作同(5)，唯左右相反。

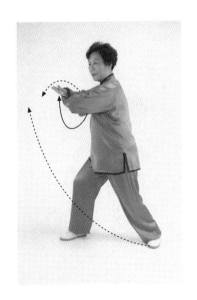

（18）舉掌拍腳

　　動作同(6)，唯左右相反。

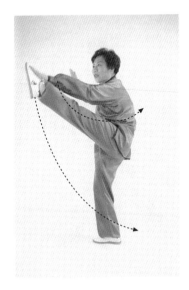

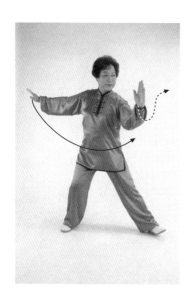

（19）落腳立掌

　　動作同(7)，唯左右相反。

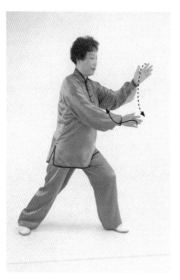

（20）弓步合臂

　　動作同(8)，唯左右相反。

（21）屈肘疊臂

　　動作同(9)，唯左右相
反。

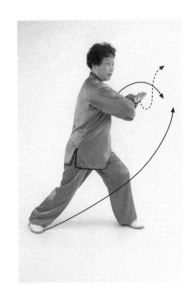

（22）舉掌拍腳

　　動作同(10)，唯左右相
反。

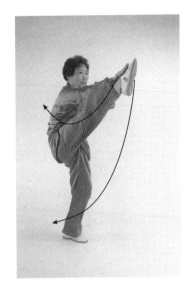

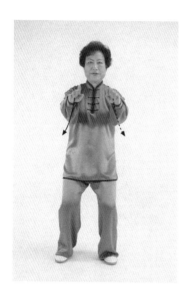

（23）兩臂前舉

　　動作同(11)

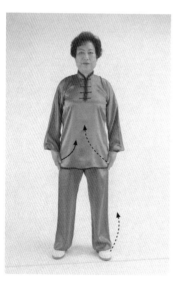

（24）直立按掌

　　動作同(12)

（七）攬扎衣

（1）提膝握拳

　　重心移至右腿，左腿屈膝提起。同時左掌握拳提於上腹前，拳心向上。右掌向左劃弧於腹前，掌心翻向上，指尖朝左。這時吸氣。

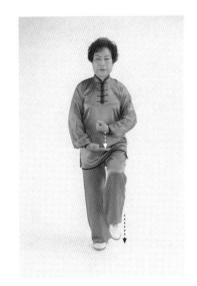

（2）踏腳砸拳

　　左腳落地下踏，兩腿微屈（重心仍偏右腿）。同時左拳背落砸右掌心。目視前下方，這時呼氣。

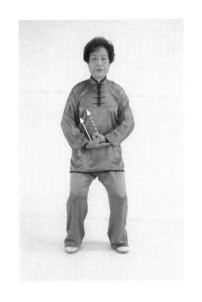

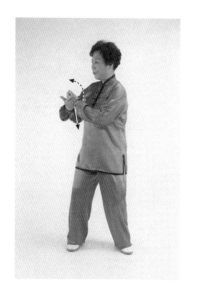

（3）轉體翻掌

上體向右、向左回轉。同時右掌托左拳向右、向上、向左劃弧至右胸前。

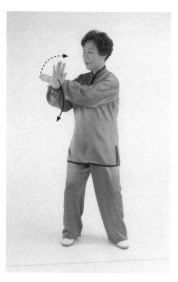

隨之左拳變掌，兩掌內旋，兩掌心翻向外，左掌指向上，右掌指向左。目視兩掌，這時吸氣。

（4）屈膝分掌

　　重心移至左腳，兩腿屈膝下蹲。同時右掌向下按落至腹前，指尖向左上方。左掌橫於胸前，指尖朝右上方。目視左掌。

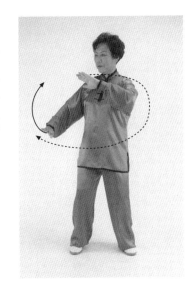

（5）擦步合臂

　　重心移至右腿，左腿抬起向左側擦出一步成右橫弓步。同時右手向右、向上、向左外旋劃弧至胸前，掌心向左，指尖朝前上。左手向上，經胸前向左、向下、向右外旋劃弧合於右手下 20 厘米處，掌心朝右，指尖向前。目視右掌，這時呼氣。

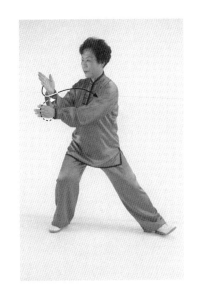

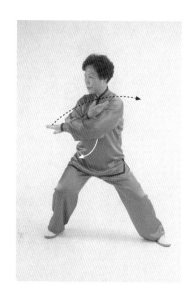

（6）馬步翻掌

上體微右轉，左腿屈膝沉胯成右偏馬步。同時右掌外旋，掌心翻向上，指尖朝左上方。左掌內旋，掌心翻向外，掌指朝右下方。目視左掌。

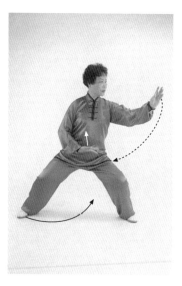

（7）馬步立掌

上體微左轉，重心緩緩左移成左偏馬步。同時右掌向下、向右劃弧落至腹前，掌心朝上，指尖向左，小指側輕貼腹部。左掌向上、向右經胸前橫掌劃弧至身體左前方，坐腕成立掌，指尖同肩高，掌心向左。目視左掌。這時短吸呼氣。

此為攬扎衣左式。

（8）提膝握拳

　　動作同(1)，唯左右相反。

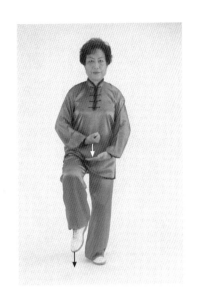

（9）踏腳砸拳

　　動作同(2)，唯左右相反。

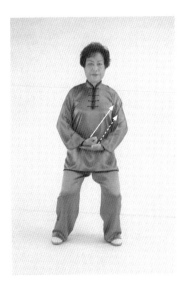

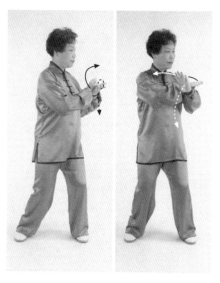

（10）轉體翻掌

　　動作同(3)，唯左右相反。

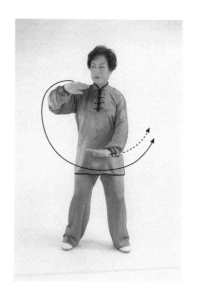

（11）屈膝分掌

　　動作同(4)，唯左右相反。

（12）擦步合臂

　　動作同(5)，唯左右相
反。

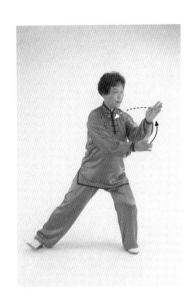

（13）馬步翻掌

　　動作同(6)，唯左右相
反。

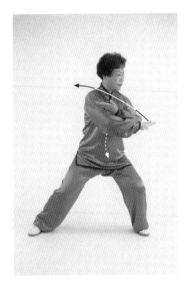

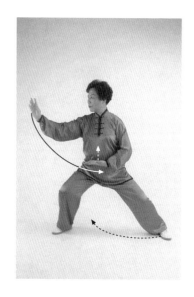

（14）馬步立掌

　動作同(7)，唯左右相反。

　此為攬扎衣右式。

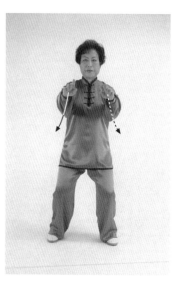

（15）兩臂前舉

　重心移至右腿，左腳抬起回收成屈膝開立。右掌向左劃弧，左掌向上、向前劃弧內旋成兩臂胸前平舉，兩臂微屈，掌心均向下，指尖向前。目視兩掌，這時吸氣。

（16）直立按掌

　　兩腿慢慢伸直，兩掌緩緩下按落至兩腿外側。目前平視，這時呼氣。

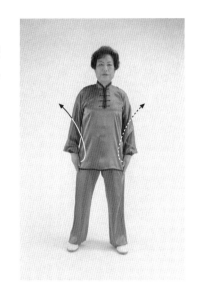

（八）單鞭

（1）屈膝分掌

　　兩腿微屈，重心移至左腿，上體微左轉。同時兩臂向上屈肘外旋，分掌同肩高，掌心向上，指尖朝左、右側。目視左掌，這時吸氣。

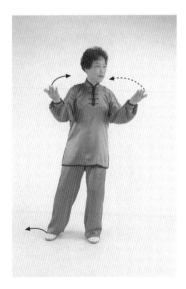

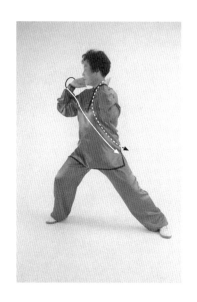

（2）馬步托掌

兩腿微屈，右腳抬起向右側方擦出一步，重心右移成右偏馬步。同時兩掌分別向左右、向後劃弧托至兩耳側，掌心均向上，指尖朝後。目視右前方，這時呼氣。

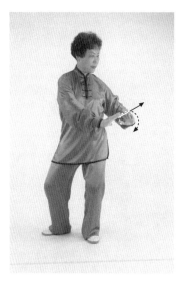

（3）虛步按掌

左腳前掌擦地收至右腳內側成左虛步，兩腳相距約 10 厘米，右腳尖朝右前方，左腳尖朝左前方，兩腳約成 90°，兩腿微屈，左膝外展。同時兩掌下按向右前方經腹前至於右胯前約 20 厘米處，兩臂微屈，肘下墜，兩掌虎口斜相對。目視兩掌，這時短吸呼氣。

（4）轉體推掌

　　上體微左轉，右掌向左前方橫掌推出，掌心向下，指尖朝左。左掌外旋內收於左腹前，掌心向上，指尖朝前。目視右掌，這時吸氣。

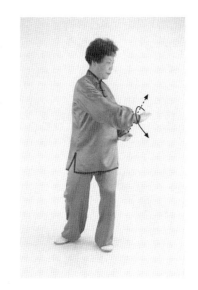

（5）翻掌出勾

　　上體微右轉，同時，右掌外旋，掌心翻向上，內收於腹前，小指側輕貼腹部。左掌變勾經右掌上方向左上出勾，同腰高，勾尖朝左後方。目視右手，這時呼氣。

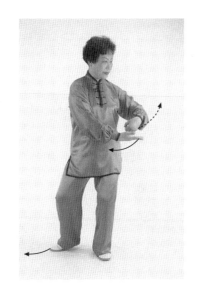

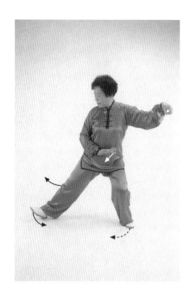

（6）屈膝擦步

　　兩腿屈膝下蹲，右腳抬起
向右擦出一步。目視右腳，這
時吸氣。

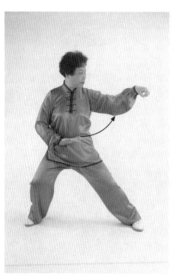

（7）右移扣腳

　　右腳尖內扣，全腳掌著
地，接著重心右移，左腳尖內
扣。目視左勾手，這時呼氣。

（8）左移穿掌

　　身體重心左移，同時右掌
向左肘下穿出。

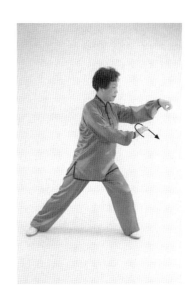

　　隨之右掌內旋，掌心翻向
左前方。

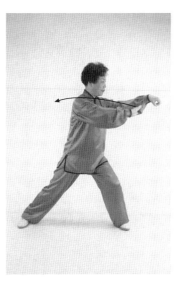

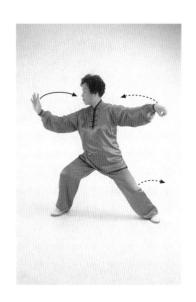

（9）馬步拉掌

　　重心緩緩右移，成右偏馬步。右掌經胸前隨重心的右移向右拉橫掌擊出，坐腕垂肘成立掌，掌心朝右前方，指尖同肩高。左肘下垂，左勾手勾尖向下。目視右掌。

　　此為右單鞭定式。

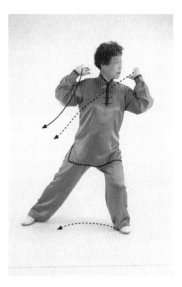

（10）馬步托掌

　　動作同(2)，唯左右相反。

（11）虛步按掌

　　動作同(3)，唯左右相反。

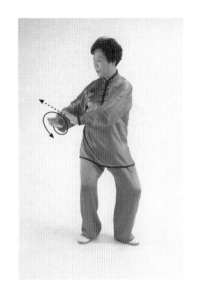

（12）轉體推掌

　　動作同(4)，唯左右相反。

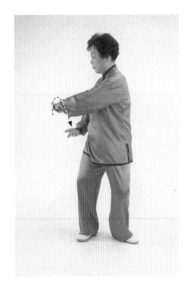

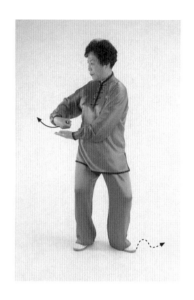

（13）翻掌出勾

　　動作同(5)，唯左右相反。

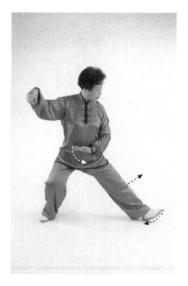

（14）屈膝擦步

　　動作同(6)，唯左右相反。

（15）左移扣腳

　　動作同(7)，唯左右相
反。

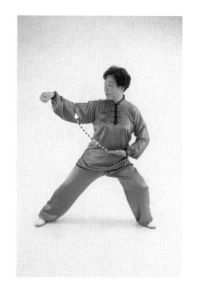

（16）右移穿掌

　　動作同(8)，唯左右相
反。

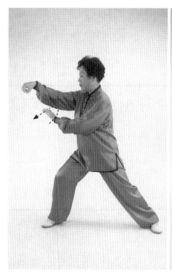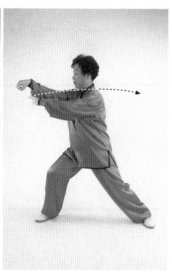

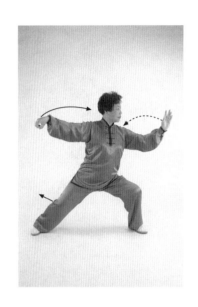

（17）馬步拉掌

動作同(9)，唯左右相反。

此為左單鞭定式。

【收式】

（1）兩臂前舉

重心移至左腳，右腳抬起回收，成屈膝開立。同時右勾手變掌，兩掌向前、向左右劃弧在胸前平舉，兩臂微屈，掌心向下，指尖朝前。目視前方，這時吸氣。

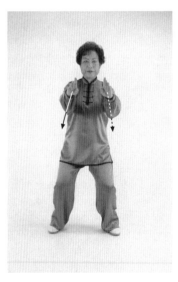

（2）直立按掌

　　兩腿慢慢伸直，兩掌緩緩
下按落至兩腿外側成開步自然
站立。目向前平視，這時呼
氣。

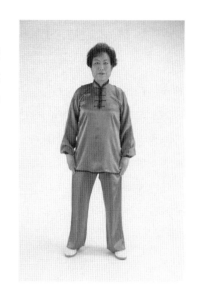

（3）並步站立

　　左腳向右腳並攏成並腳自
然站立。目向前平視，自然呼
吸。

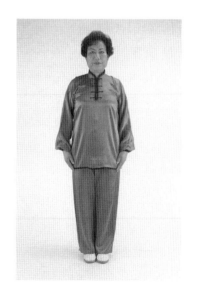

五、三十六式動作圖解

動作示範說明

- 為了表達清楚，文字、示範照對動作進行了分解說明。但在練拳時，應力求銜接得連貫、緊湊。
- 在文字說明中，除特殊註明外，不論先寫或後寫身體某一部位的動作，演練時各運動部位都要同時協調活動，不要先後割裂。
- 某些背向、側向動作沒有示範照，以文字說明為主。

【預備式】(胸朝南)

(1) 並腳直立

身體自然直立，兩腳並攏。頭頸正直，下頷內收，胸腹放鬆，肩臂鬆垂，兩手輕貼在大腿外側。精神集中，眼向前平視，呼吸自然。

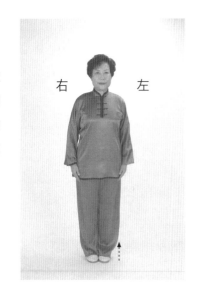

右　　　左

（2）開步站立

左腳緩緩提起，向左開步，兩腳距離與肩同寬，腳尖向前，重心落於兩腿之間。

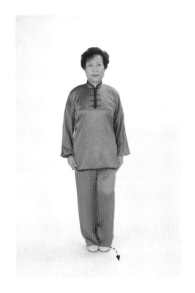

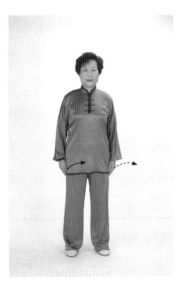

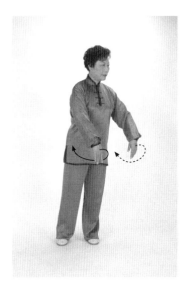

〔第一段〕

（一） 起勢

兩手左前掤

（1）身體微左轉，重心移於左腳前掌；同時兩臂向左、向前劃弧，兩腕背側微凸，掌心朝內，手指自然下垂，兩手離身體約 20 厘米。目視左前方。

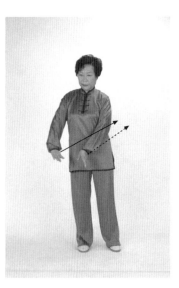

兩手右後将

（2）上動不停，身體微右轉，重心移於右腳跟；同時兩臂向右、微向後劃弧至右腹前，兩手塌腕，掌心向下，指尖朝左前方。目視前方。

兩手左上掤

(3) 上動不停，身體微左轉，重心再移於左腳前掌；兩手向左、向前、向上劃弧至胸高，與肩同寬，兩臂微屈，掌心朝後下方，指尖朝左前下方。目視左手所指方向。

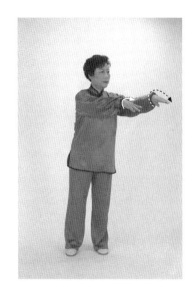

轉身右将

(4) 上動不停，兩腿屈膝微蹲，重心偏於左腿，上體微右轉；同時左臂外旋、右臂內旋，兩臂微屈，肘自然下垂，兩手成橫掌，掌心朝外，指尖朝左前方。目視左掌方向。

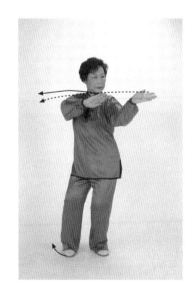

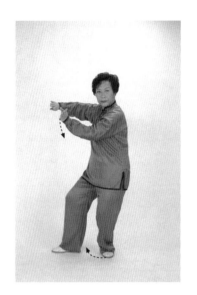

(5) 上動不停，右腳以腳跟為軸，腳尖轉向西南方，上體繼續右轉（胸朝西）；同時兩掌向右劃弧至胸前，兩臂之間距離同肩寬，掌心朝外，指尖朝左前方。目視左手方向。

【要領】兩腿屈膝卜蹲時，上體要正直，縮胯，斂臀。

【擊法】對方右拳猛力向我擊來，我順勢右手黏其手腕，左手黏其肘部向右後捋去，使對方應勢前傾，失去重心。(動作 (3) ～ (5))

（二）右金剛搗碓

（胸朝南）

擦步推掌

（1）身體重心全部移至右腿並繼續屈膝下蹲，隨之左腿稍提，左腳腳跟內側貼地向左前方（偏東南）擦出，同時兩手向右前方推出。目視左手。

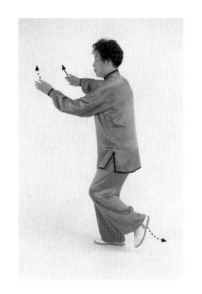

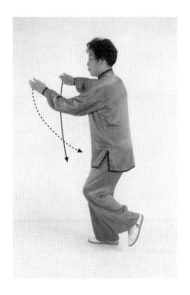

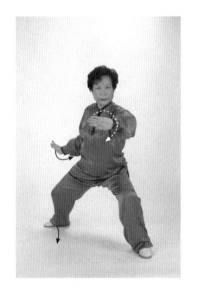

上步撩掌

(2) 上動不停，重心逐漸移於左腿，左腳踏實（腳尖稍偏東南），隨之上體左轉，胸朝西南；同時兩掌向下、向左劃弧，左掌至體前同腹高，掌心朝前下，指尖朝右前方。右掌落於右胯側，掌心朝前下，指尖朝右。目視左手方向。

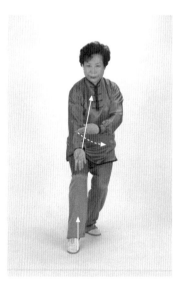

(3) 上動不停，上體繼續左轉（胸朝南），重心繼續移至左腿，隨之右腳前掌擦地向前上步，全腳掌虛着地面，右腿微屈。同時右手向前撩掌於右胯前，掌心朝前上方；左掌外旋，向上、向內、向下劃弧，橫掌置於右前臂上，掌心朝後上方。目視右掌。

提膝握拳

（4）上動不停，右掌變拳，屈肘上提同胸高，拳心朝上。左掌下落至腹前，指尖朝右，掌心朝上，與右拳背相對。同時右腿屈膝上提，腳尖自然下垂，左腿稍蹬直，重心升高。目視右拳。

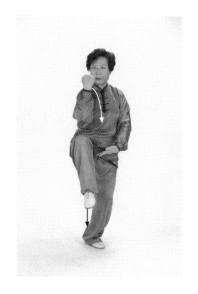

踏腳砸拳

（5）上動不停，左腿屈膝稍蹲，隨之右腳全腳掌踏地，兩腳平行，相距約20厘米，重心在左腿。同時右拳落於左掌心內，拳心朝上。目視右拳。

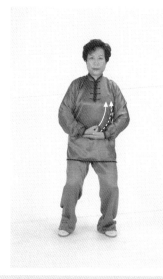

【要領】① 右拳落於左掌心，與右踏腳要協調一致，勁要整，引氣下沉。 ② 不論是提膝、身體重心上升，或震腳、身體重心下降時，上體均保持正直，勿偏斜。

【擊法】對方右拳向我左脅擊來，我左臂挪擋其右前臂，右掌擦其襠部，接着順勢變拳向上衝擊其下頦。(適用於動作 (2) ～ (4))

（三）攬扎衣

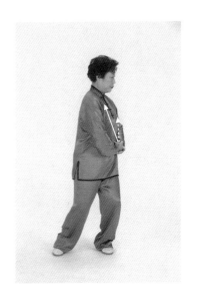

轉腰托拳

（1）身體重心稍移於右腿，上體微左轉；同時左掌托右拳移於左腰前。目視右拳。

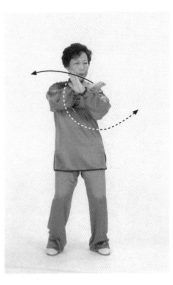

內旋分掌

（2）上動不停，兩前臂內旋，兩手繼續向上、向右劃弧至右胸前，右拳變掌，兩掌交叉，左手成立掌，掌心朝右；右掌心朝外，指尖向左，掌根附於左前臂內側。目視左手。

(3) 上動不停，兩腿屈膝下蹲，右手向上、向右劃弧，指尖稍高於肩，掌心朝外。左手向下、向左、向上劃弧，掌心朝外，指尖同肩高。目視右手方向。

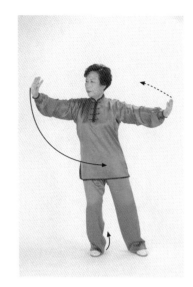

擦步合臂

(4) 上動不停，重心移至左腿，右腳抬起。同時右手繼續向下、向左劃弧於左腹前，掌心朝左，指尖朝前；左手繼續向右屈肘內合，掌心朝右，指尖朝左前上方。目視右手。

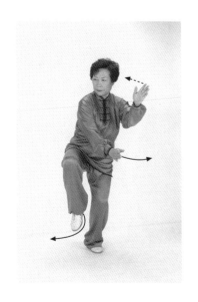

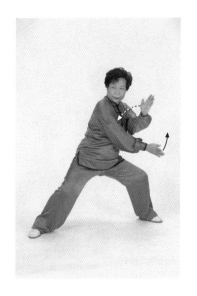

　　(5) 上動不停，右腳向右下落，腳跟內側貼地向右前方"擦步"，兩腳相距約三腳半。同時上體微左轉（胸朝東南），右手繼續向左劃弧，掌心朝左，指尖朝前；左掌繼續向右劃弧，在胸前與右掌向內合勁，掌心朝右，指尖朝前上方。目視右手。

馬步拉橫掌

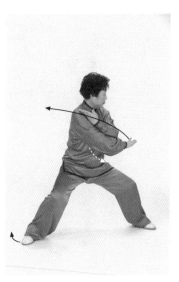

　　(6) 上動不停，重心移向右腿。同時右前臂內旋，屈肘成橫掌，掌心朝前下。左掌外旋，掌心朝上，掌背附於右上臂內側。目視右掌方向。

（7）上動不停，重心繼續移向右腿，隨之上體右轉（胸朝南），成右偏馬步。同時右掌向上、向右劃弧至右前上方，前臂外旋，坐腕成立掌，指尖同肩高，掌心朝右前方。左掌下落於腹前。掌心朝上，指尖朝右。目視右掌。

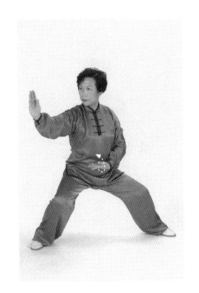

【要領】① 在整個攬扎衣動作過程中，身法的變換是向左、向右的兩個"回轉"，同時以腰帶動兩臂左右纏繞。 ② 攬扎衣定勢時，上體正直，氣下沉，下肢要開胯、圓襠、合膝，與上肢鬆肩、垂肘、坐腕要協調一致。

【擊法】對方左拳向我胸部打來，我含胸左轉避開，左手抓握其手腕，上步近身，順勢可用肩靠肘頂，手撲面部。

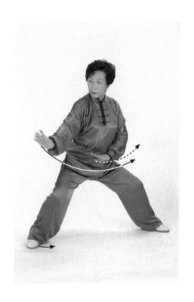

（四）白鶴亮翅（胸朝東）

扣腳下捋

（1）身體重心逐漸移於左腿，右腳尖內扣，隨之上體左轉（胸朝東南）。同時左掌內旋，掌心朝下，兩掌向下、向左劃弧於體前，至左手同胸高，右手同腹高，兩手成橫掌，掌心朝外，指尖朝右前方。目視左掌方向。

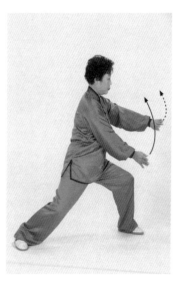

擺腳右捋

(2) 上動不停，重心逐漸移於右腿，左腳尖外擺（朝東），上體右轉（胸朝東南）。同時左掌外旋，右掌內旋，兩掌心朝外，指尖朝左，兩掌同時向左、向上、向右劃弧，左掌至左胸前同肩高，右掌至右肩前方，稍高於肩。目視左前方。

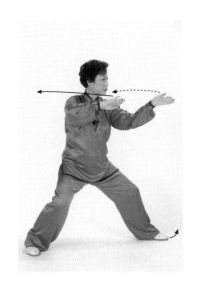

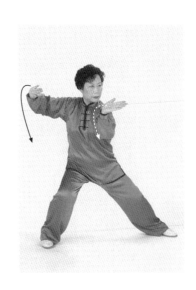

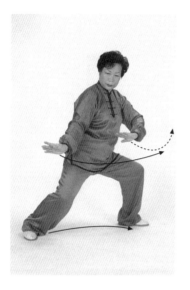

丁步合臂

(3) 上動不停，重心逐漸移於左腿，上體左轉並前移。同時左臂內旋，右臂外旋，兩掌向右、向下劃弧，左手於胸前，右手於右胯側，掌心朝下，指尖朝右。目視左掌。

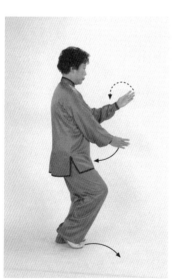

(4) 上動不停，上體左轉（胸朝東），左腿微蹬直，右腳前掌擦地跟步至左腳內側，前腳掌虛點地面。同時左掌外旋，向左、向上劃弧於胸前，掌心朝右，指尖朝前上方。右掌向左劃弧於腹前，掌心朝左，指尖朝前。目視左掌。

【擊法】對方右拳向我腹部打來，我右手黏其手腕，左手黏其肘，用左右合勁摵其臂並向下沉採。如對方向後撤勁，我趁勢上步近身用右臂向右上方的捌勁，將對方摔出。（適用於動作(4)～(6)）

虛步開臂

(5) 上動不停，左腿屈膝，重心稍下降，上體微左轉，右腳向右前方上一步，右掌向左，向下劃弧，同時前臂內旋，掌心朝下，隨之左掌向右合至右胸前，掌心朝右，指尖朝上，兩掌向內合勁。目視左前下方。

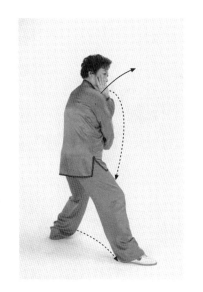

(6) 上動不停，重心移於右腿，膝微屈，左腳前腳掌擦地前跟成左虛步，上體微右轉（胸朝東）。同時左掌向下、向左落至左胯前側，掌心朝下，指尖朝前；右掌經左臂外側向右、向上劃弧至右前上方，約與頭同高，掌心朝右前方，指尖向上。目視前方。

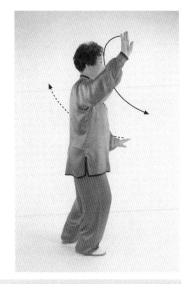

【要領】 *在動作 (5) 中，兩掌在體前向內合勁，要有頓挫力，同動作 (6) 的左掌向左、向下劃弧運行，形成一個完整的 "續換" 的手法。*

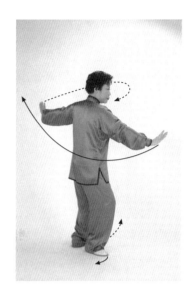

（五）斜行拗步

（胸朝東南）

轉腰下捋

（1）上體微左轉，同時右掌向下劃弧，掌心朝前下方，指尖朝前上方。左掌向後、向左劃弧，左前臂外旋，掌心朝左前方，指尖朝左後方。目視右掌。

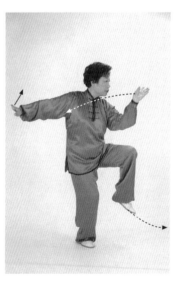

擦步捯掌

（2）上動不停，身體右轉（胸朝南），隨之右腳以腳跟為軸稍向外擺，重心全部移至右腿，左腳提起。同時右掌隨身體右轉向下、向右、向上劃弧於身體右側，掌同肩高，掌心朝後下方，指尖朝前下。左手由左向上、向前、向右劃弧於左肩前，掌心朝前上方，指尖朝左。目視左手。

（3）上動不停，左腳腳跟內側貼地向左側擦出，隨即左腳踏實，上體微右轉，重心偏於右腿。同時左掌繼續向右、向下劃弧至右胸前，掌心朝右前方，指尖朝左上方。右掌繼續向上稍向左劃弧至右前上方，稍高於肩，掌心朝右前方，指尖朝左前方。目視左掌。

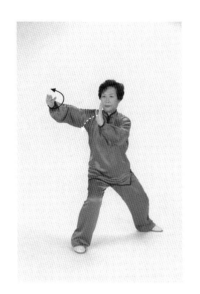

弓步擊掌

（4）上動不停，重心移向左腿，上體微左轉；同時左掌心朝下，屈臂置於胸前，隨之右臂外旋，屈臂垂肘，肘尖同胸高，掌心朝左，指尖朝上。目視右掌。

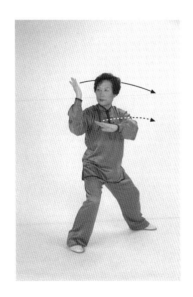

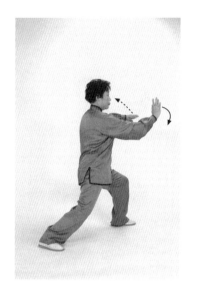

(5) 上動不停，重心繼續移向左腿，上體左轉（胸朝東）。左掌隨之向左劃弧於左胸前成橫掌，右掌向左、向前劃弧，掌心朝左，指尖朝上，與眉同高。目視右掌。

弓步拉橫掌

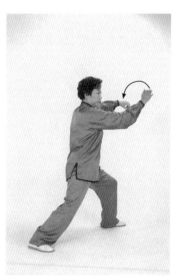

(6) 上動不停，上體微左轉，右膝內扣，同時左掌變勾。右腕放鬆，掌外旋，拇指側向上，掌根上提前凸，指尖向下鬆垂，掌心朝右前方。目視右掌。

（7）上動不停，上體微右轉，同時右掌內旋，沉腕成橫掌，掌心朝下，同胸高。目視右掌。

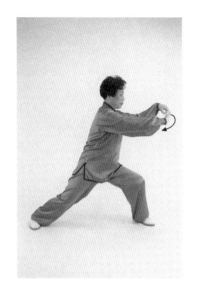

【要領】①動作 (6) 中，右掌外旋，拇指側向上，掌根上提前凸，與動作 (7) 中的右掌內旋、沉腕接下動，形成一個欲下先上、欲右先左的"折疊"手法。②在動作 (8) 中，在完成斜行拗步定勢時，沉肩、垂肘、鬆腰、沉胯，周身一致，形成一個完整的內合勁。

（8）上動不停，上體繼續右轉，右膝外展、開胯，重心稍右移，同時右掌隨上體右轉向右劃弧平移於右前方，掌同胸高。目視右掌。

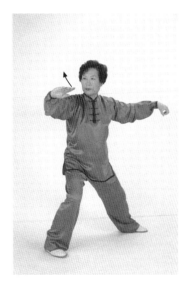

【擊法】對方右手向我胸部擊來，我右手黏其手臂向右、向下沉採，順勢左腳向對方身後上步，管着對方兩腳，近身用左肩臂靠打，同時右掌擊其面部。

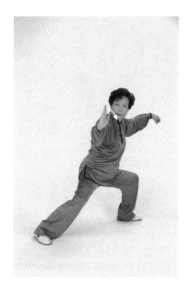

(9) 上動不停，上體微左轉，右膝微屈，重心移於左腿成左弓步。同時兩臂肘尖下沉，右手外旋、坐腕成立掌，掌心朝前。目視右掌。

（六）提收

轉腰撐掌

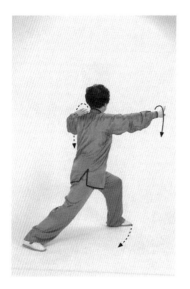

(1) 上體微左轉，右腿扣膝合胯，同時左勾手變掌，兩掌內旋，同肩高，掌心朝外。目視左掌。

【要領】在動作(1)中，上肢要圓臂外撐。

扣腳合臂

(2) 上動不停，重心移向右腿，左腳尖內扣，上體微右轉。同時左掌外旋，向右劃弧合於左胸前，掌心朝右，指尖朝前。右掌外旋向下、向左劃弧合於左前臂內側下方，同腹高，掌心朝左，指尖朝前。目視左掌。

【要領】 *在動作 (2) 中，兩掌向內合勁，要有頓挫力。*

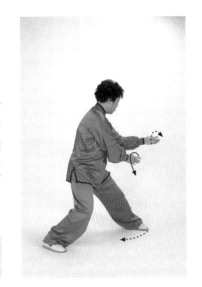

收腳收手

(3) 上動不停，身體重心繼續移至右腿，右膝微蹬直。左腳前腳掌擦地後收，停在右腳左前方 30 厘米處，前腳掌虛點地面，左膝微屈，同時兩掌外旋，掌心朝上，收至腹前。左掌在前，右掌在左前臂內側，距腹約 10 厘米。目視左掌。

【要領】 *在動作 (3) 中，兩掌外旋回收，要有纏裹勁。*

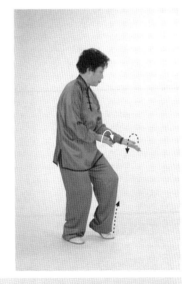

【擊法】 *對方右手向我胸部打來，我順勢右手黏住其手腕，左手黏住其右肘向內合力捆其臂。當對方撤勁時，我趁勢提膝頂撞其襠部，兩掌揚按其胸部，將對方擊出。*

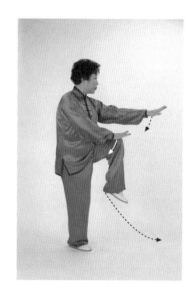

提膝按掌

(4) 上動不停，身體重心右移，右腳蹬起。左腿屈膝上提同腹高，腳尖自然下垂。同時兩掌內旋向前下伸展，左掌在左膝前上方，掌心朝下，指尖朝前；右掌伸於左膝內側。目視左掌。

【要領】在動作 (4) 中，兩掌向前下伸展，要有揭按勁。

（七）前蹚

擦步下捋

(1) 右腿屈膝，重心下降。隨之左腳腳跟內側着地向左前方擦出，上體微右轉。同時兩掌向下、向右劃弧，右掌於右胯前，左掌於左胯前。目視右掌。

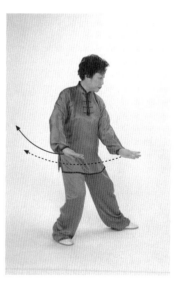

（2）上體不停，左腳踏實，上體繼續右轉，兩掌繼續向右、向上劃弧，右手同肩高，左手同胸高，兩掌心均朝下。目視右掌。

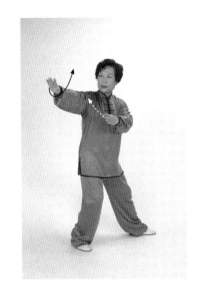

弓步前擠

（3）上動不停，上體微左轉，同時左臂屈肘橫於胸前，掌心朝右後方，指尖朝右前方。右臂屈肘立掌，小指側朝前，掌根附於左腕內側，掌心朝左。目視右掌。

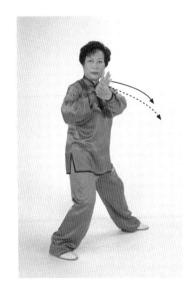

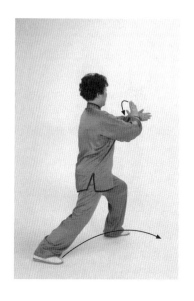

(4) 上動不停，身體繼續左轉，重心移至左腿；同時兩腕相搭，隨身體左轉向前擠出，同胸高。目視右掌。

上步十字手

(5) 上動不停，右腳經左腳內側向右前方上步；同時兩掌內旋，掌心朝下。目視右手。

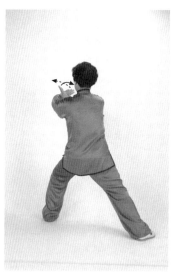

【擊法】對方右拳向我胸部打來，我順勢用右手黏握對方手臂，向身體右側挒化，然後用兩手臂擠打對方胸部。若對方撤步，我即上步近身，頂肘、撲面。

馬步分掌

（6）上動不停，重心稍移於右腿成右偏馬步；同時兩臂分別向上、向左右分開成立掌，位於身體的斜前方，指尖同鼻高。目視右掌。

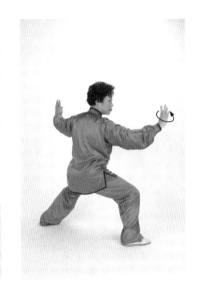

【要領】在動作(6)中，形成前蹚定勢時，沉胯斂臀、沉肩垂肘與兩掌的坐腕要協調一致，要有鬆沉勁。

（八）掩手肱捶

踏腳栽捶

（1）上體左轉，右腿扣膝，重心移於左腿；同時右掌外旋，掌心朝上，同肩高。左掌內旋向下，向左劃弧於左前方，同胸高，掌心朝左下。目視左前方。

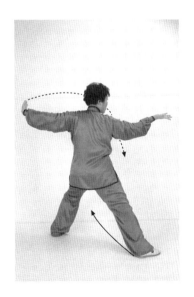

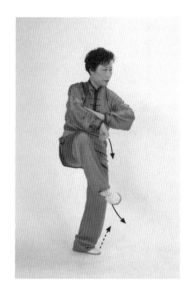

(2) 上動不停，身體迅速右轉，隨之右腿收胯提膝；同時右掌由小指開始，依次屈指握拳，經右胸前由上向下屈臂下栽至腹前，拳面朝下；拳眼朝內。左掌向上、向右、向下劃弧附於右前臂內側，指尖朝右上方。目視右拳。

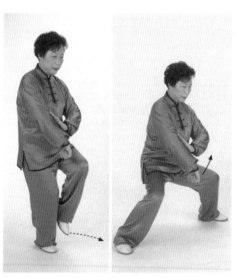

(3) 上動不停，右腿屈膝向地面踩踏震腳；同時左腳提起，腳內側貼地向左擦出踏實成馬步。目視右拳方向。

馬步分手

(4) 上動不停，兩腿繼續下蹲，同時右拳左掌由腹前向下、向左右分開，位於兩膝前上方。目視右拳。

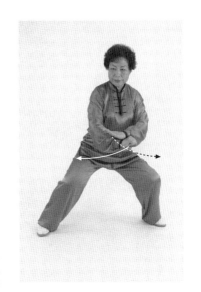

【要領】① 在動作(1)、(2)中，上體向左、向右轉動是"回轉"的身法，動作要連貫。然後右手握拳下栽速度要快。 ② 在動作(5)中，合膝鬆腰沉胯、含胸拔背、兩肘內裹，形成周身完整的合勁。 ③ 在動作(6)中，形成掩肘肱捶定勢時，右腿扣膝、合胯轉腰，將周身的蓄勁通過肩臂迅速發於拳面。右拳發出與左手回收要協調一致。另外在力達右拳面後，要迅速掣動，表現出脆快的冷彈勁。正如拳論所說："蓄勁如張弓，發勁如放箭"，"曲中求直"，"蓄而後發"，體現了剛柔相濟、快慢相兼的技術特點。

【擊法】對方右拳向我胸部打來，我左臂內旋掩肘，壓着對方的右臂，順勢右拳衝擊對方胸部。

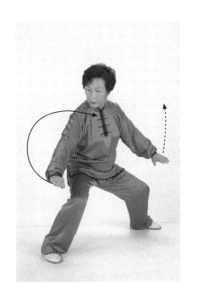

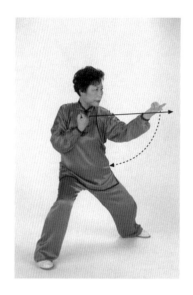

合臂裹拳

(5) 上動不停，兩腳以前腳掌為軸，腳跟稍向右擰轉，上體左轉（胸朝東南），重心稍移於左腿，同時兩手繼續經兩側向上劃弧並外旋，左臂微屈至左肩前方，掌心朝上，左手拇指和食指伸直，餘指屈。右臂屈肘，右拳收於左胸前，拳心朝右上方，拳眼朝前。目視左手方向。

弓步發拳

(6) 上動不停，右腳蹬地合胯，上體左轉（胸朝東），重心迅速移向左腿。同時右拳內旋沿左前臂上方向前方擊出，拳同胸高，拳心朝下。左手內旋收於腹前左側，手心輕貼腹部（手型不變）。目視右拳。

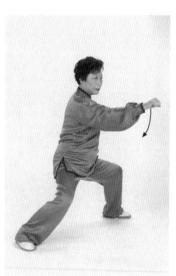

（九）雙推手

轉腰下将

(1) 上體微左轉，同時右拳變掌，向下、向左劃弧落於小腹前，掌心朝下。左手貼身稍向下、向左運行。目視右掌。

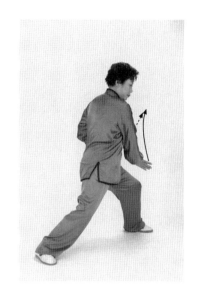

轉身掤臂

(2) 上動不停，上體右轉（胸朝東南），同時右掌繼續向左、向上劃弧，隨後屈臂，掌心轉朝內。左掌繼續向上劃弧提腕，掌心朝內，在腹前左手背與右手腕內側相疊，兩手同時向右前上方掤出，同胸高。目視兩手。

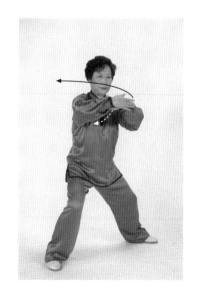

上步托掌

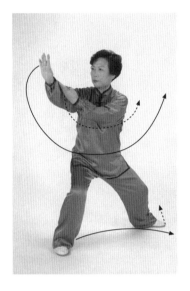

(3) 上動不停，重心稍下降，同時右前臂內旋，向右前上方伸臂直腕，掌心朝前下方，指尖朝右上方，同眉高。左前臂外旋，掌心朝後上，掌背貼於右前臂上，指尖朝右上方。目視右掌方向。

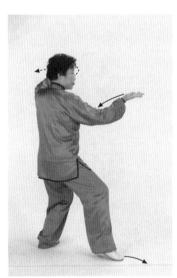

(4) 上動不停，左腳尖外撇，上體左轉(胸朝東北)，重心移至左腿，右腳前腳掌擦地經左腳內側向東南方上步，全腳掌虛着地面。同時兩掌隨身體左轉向下、向左、向上托起，右掌位於身體右前方，掌同肩高，掌心朝上，指尖朝右前方。左掌屈腕外旋，小指側上裹，掌心朝後上方。目視右掌。

【要領】在動作(4)中，上右步與兩掌上托要協調一致，在兩掌上托將至胸高時，要有頓挫勁，然後屈臂收於胸前，這是"續換"的手法。

虛步雙推掌

(5) 上動不停，兩腿屈膝，身體重心下降，右腳向右前方進半步，重心偏於左腿。同時兩臂屈肘內旋，兩掌收於胸前，掌心斜相對，小指側朝前方。目視前方。

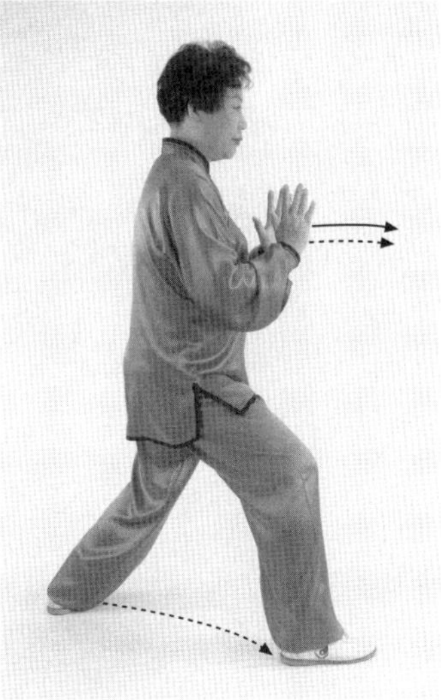

(6) 上動不停，上體微右轉(胸朝東)，身體重心移至右腿，左腳前腳掌擦地前跟至右腳後側，全腳虛着地面。同時兩掌向前推出成立掌，掌心斜相對，同胸高。目視前方。

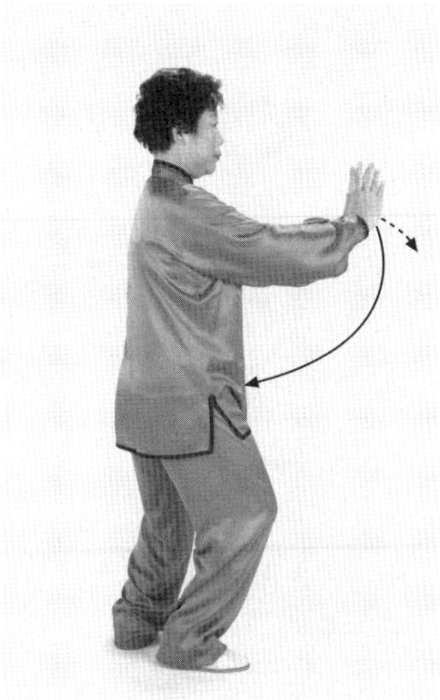

【擊法】*對方左手向我胸部打來，我順勢左手黏其腕，右手托其肘，反撅其肘關節。當對方向後撤勁時，我上步近身，雙手推擊對方胸部。*

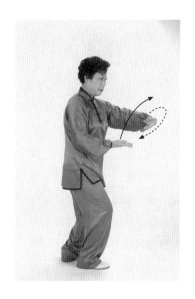

（十）肘底捶

轉腰錯掌

（1）上體微右轉，重心移於左腿，同時右手收至腰前成仰掌，指尖朝左下方。左掌向前下方推按成俯掌，指尖朝右前方。目視左掌方向。

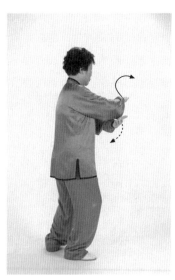

轉腰磨掌

（2）上動不停，上體左轉，重心移於右腿，同時右掌內旋成橫掌，經左前臂上方向左、向前劃弧推出，同胸高。左掌外旋，掌心朝上，向右、向後、向左劃弧收於腹前。目視右掌。

【要領】在動作(4)完成肘底捶定勢時，兩手內合與屈膝、收胯斂臀、含胸拔背、沉肩垂肘要協調一致，形成一個完整的合勁。

劃弧分掌

(3) 上動不停，上體微右轉，同時右掌繼續微向前上、向右劃弧，掌稍高於眉，掌心朝外，指尖朝左前方。左掌繼續向左、向下劃弧於左胯前，掌心朝上，指尖朝右。目視右掌。

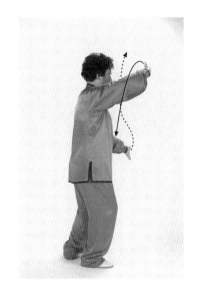

立掌握拳

(4) 上動不停，身體重心稍下降，同時左掌繼續向左、向上、向右劃弧於體前成立掌，掌心朝右，指尖稍高於眉，臂微屈，肘尖下垂。右掌繼續向右、向下、向左劃弧，由掌變拳至左肘下，拳眼朝上，同腹高。目視左掌。

【擊法】 對方右拳向我胸部擊來，我用左臂向右隔開其臂，用右拳從左肘下暗擊其肋部或胸窩。

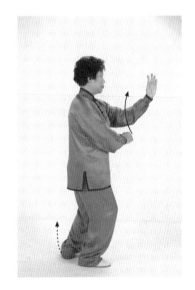

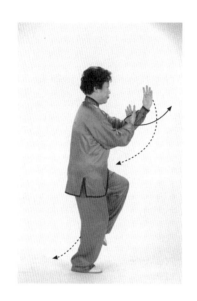

（十一） 倒捲肱

提步穿掌

　　(1) 身體重心移至右腿並縮胯、屈膝下蹲，隨之左腳提起，同時右拳外旋變掌向上穿出，掌背輕貼於左小臂內側，掌心朝後上方，指尖朝左上方。左臂內旋，掌心朝右前方。目視左掌。

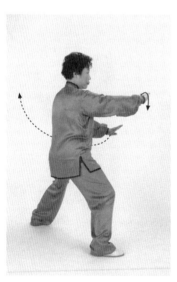

馬步分掌

　　(2) 上動不停，左腳向左後方下落成右偏馬步，上體左轉（胸朝東北），同時左掌向下、向左劃弧落於腹前，掌心朝下，指尖朝右前方。隨之右掌內旋，掌心向下，經左前臂上方向右、向上劃弧，掌同肩高，掌心朝前下方，指尖朝左前方。目視右掌。

（3）上動不停，上體左轉，右胯外展，身體重心移向左腿。同時右掌外旋向右展臂，掌同肩高，掌心朝前，指尖朝右。左掌向左、向上劃弧外旋展臂，掌同肩高，掌心朝前上方，指尖朝左。目視左掌。

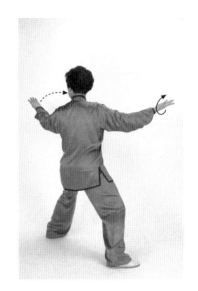

退步捲肱

（4）上動不停，上體右轉（胸朝束），重心全部移至左腿，隨之右腳稍回收。同時左臂屈肘，左掌位於面頰左側，掌心朝右，指尖朝後上方。右掌內旋，掌心朝前下方。目視右掌方向。

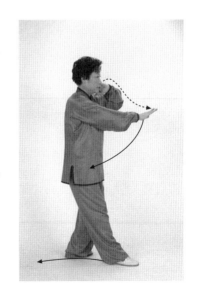

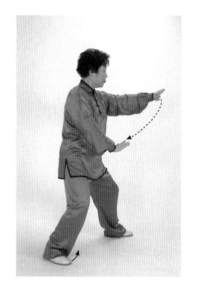

　　(5) 上動不停，右腳尖經左腳內側向右後方弧形擦地撤成左偏馬步，隨之上體右轉（胸朝東南）。同時右掌向下、向後劃弧於腹前，掌心朝下，指尖朝左前方。左掌內旋向下、向前經右前臂上方向左、向上劃弧至左前方，掌同肩高，掌心朝外，指尖朝右前上方。目視左掌。

　　(6) 動作與 (3) 相同，方向相反。

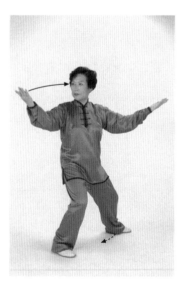

退步捲肱

(7) 動作與 (4) 相同，方向相反。

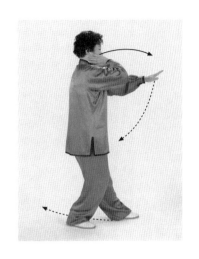

(8) 動作與 (5) 相同，方向相反。

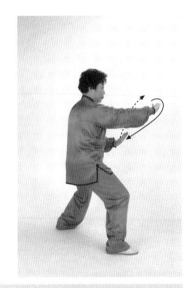

【要領】① 倒捲肱是連續開合動作，是在連續後退中完成的。② 在向左或向右轉身帶動兩臂左右展開時，當即將完成兩臂伸展的極短距離內，要加速展臂，趁其反彈之勁迅速轉腰合胯，然後兩臂內旋屈回收，徐徐屈臂相合，突出本動收展開合、快慢相間的特點。③ 倒捲肱的步法是兩腳連續後撤動作，是以"轉換步"來連接的。

【擊法】倒捲肱左勢的擊法，是當對方進步用左拳向我胸部打來，我以左掌黏其手腕向下沉採；同時左腳向後撤一步以右掌向前擊其面部，右勢用法與左勢道理相同。

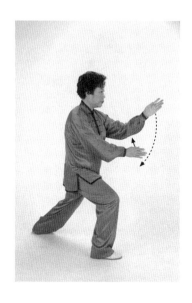

（十二）退步壓肘

轉腰合臂

（1）上體右轉（胸朝東南），左膝內扣，合胯，重心移至右腳。同時左手向左、向上、向前、向右劃弧外旋至左胸前，掌同鼻高，掌心朝右前方，指尖朝左前方。右手向右、向下、向後、向左劃弧至左肘內側下方，掌同腹高，掌心朝左後側，指尖朝左前方。目視左掌。

轉腰疊臂

（2）上動不停，上體左轉，同時左手內旋屈臂成橫掌，向下按於體前，同腰高。右掌內旋屈臂經左前臂內側上提，掌心朝裡，同胸高。目視右掌。

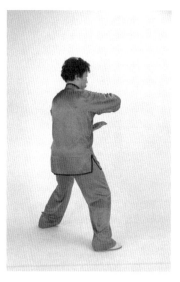

後坐繞臂

(3) 上動不停，上體微右轉，重心移向左腿。同時左手向內、向上翻轉，右手向前、向下環抱，兩掌相互纏繞，位於胸前，左掌繞於右前臂內側，掌心朝下，右掌心朝上。目視左掌。

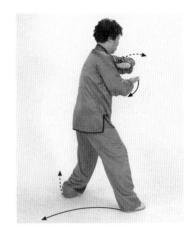

退步按掌

(4) 上動不停，重心移至左腿，右腳腳跟微抬起，腳前掌擦地經左腳內側向右後方撤一步，隨即腳跟踏地作聲，重心迅速移至右腿成左半馬步。同時右掌回收於體前，同腰高，掌心朝上，指尖朝左前方，右臂屈肘於右腰側。左掌向左前方成橫掌迅速擊出，掌心朝下，同胸高。目視左掌。

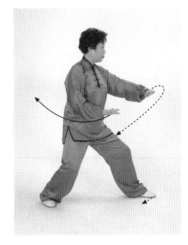

【要領】① 兩臂屈肘在體前環抱互繞時，身法是"回轉"與"提抽"的結合，這種混合身法的變換，即會產生一種將發末發的蓄勁。② 在動作(4)中，右腳向右後撤步足跟踏地作聲與左掌迅速擊出要一致。這是一瞬間的短發勁，勁力要完整。

【擊法】對方右手向我打來，我用右手黏其右腕，外旋擰其臂，用左小臂或橫掌反壓其肘關節。

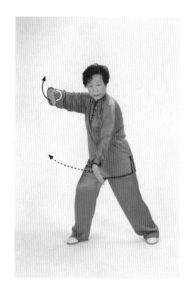

（十三）
左、右野馬分鬃

扣腳下捋

（1）身體重心繼續移至右腿，左腳尖內扣，上體右轉（胸朝西南）；同時右掌隨體轉向右劃弧上提於右肩前，左掌外展，向下、向右劃弧於左胯旁，掌心斜朝下，指尖朝左下。目視左掌。

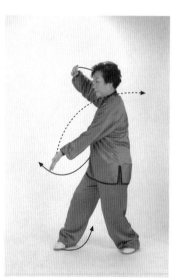

轉身繞臂

（2）上動不停，上體繼續右轉（胸朝西）重心移至左腳；同時右掌內旋，向上、向右劃弧於右額前方，掌心朝外，指尖朝左上方。左掌外旋向右、向前劃弧於右腹前，掌心朝前方，指尖朝前下方。目視左掌方向。

提膝托掌

(3) 上動不停，重心全部移至左腿，上體左轉(胸朝西南)，隨之右腿屈膝上提，膝同腰高，腳尖自然下垂。同時右掌外旋，向右、向後、向下、向前劃弧於右膝外側，掌心朝右上方，指尖朝右下方。左掌內旋，向上、向左劃弧至身體左側，掌稍高於肩，掌心朝外，指尖朝右前方。目視右手方向。

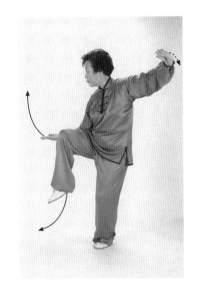

馬步穿掌

(4) 上動不停，左腿屈膝，重心下降，右腳向右前方下落，腳跟着地向前擦步，腳掌踏實。重心移向右腿成右偏馬步。同時右臂屈肘，右掌向右上穿出，指尖同肩高。左掌稍下落，掌心朝外。目視右掌。

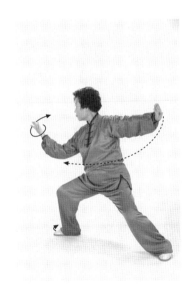

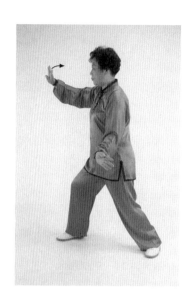

重心前移

(5) 上動不停，左腿自然伸直，重心移向右腿並屈膝；同時右掌繼續向右劃弧，左掌繼續向下、向前劃弧。目視前方。

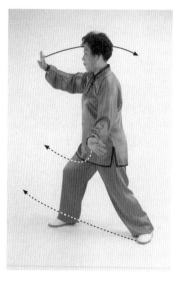

擺腳翻掌

(6) 上動不停，右腳以腳跟為軸，腳尖外擺，身體右轉（胸朝西）。同時右掌內旋，向右劃弧於身體右前方，掌稍高於肩，掌心朝外，指尖朝左。左掌向左、向下、向前劃弧於左胯側。目視前方。

提膝托掌

(7) 上動不停，重心全部移至右腿，上體右轉（胸朝西北），左腿屈膝上提，膝同腰高，腳尖自然下垂。同時左掌外旋，向前、向上劃弧於左膝外側，掌心朝左上方，指尖朝左下方。右掌向右、向後劃弧至身體右前方，掌稍高於肩，掌心朝外，指尖朝左前方。目視左掌。

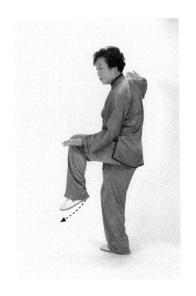

馬步穿掌

(8) 動作與(4)相同，方向相反。

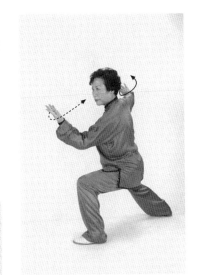

【要領】 ①提膝與同側手經下向上劃弧穿掌要協調一致。 ②在提膝單腿支撐和進步落腳時，上體都要保持中正。

【擊法】 野馬分鬃右式的擊法是當對方左拳向我胸部打來時，我趁勢用左手由下向上黏其腕，向我左後方捋帶，然後我右腳向對方腿後上步管其腳，近身用右肩臂穿至其腋下，靠捧對方。左式擊法與右式道理相同。

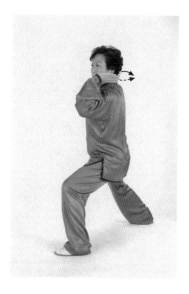

（十四）
左、右金雞獨立

弓步揚掌

（1）身體重心先向左、再向右微移，上體隨之先向左、再向右微轉；同時屈臂，兩掌向左、向後、向右轉腕劃弧至兩肩前上方，兩掌心均朝前上方，指尖朝後上方。目視左前方。

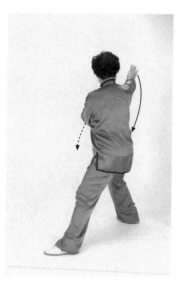

（2）上動不停，重心繼續移向右腿，身體右轉(胸朝北)，同時左掌繼續稍向右、向下劃弧於左肩前，掌心朝右前方，指尖朝右上方。右掌繼續向右、向前劃弧，掌稍高於肩，掌心朝前上方，指尖朝後上方。目視右前方。

（3）上動不停，右腳蹬地，右腿扣膝、合胯，隨之上體迅速左轉，重心移至左腿成左弓步；同時兩掌迅速向右、向下、向左劃弧揚按，左掌至左腹前，掌心朝前下方，指尖朝右前方。右掌劃至右胯旁，掌心朝前下方，指尖朝右前方。目視前下方。

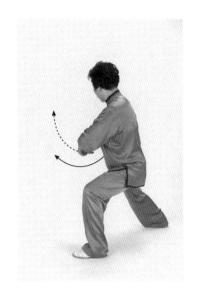

轉身右将

（4）上動不停，重心繼續移向左腿，上體左轉（胸朝西）。同時兩掌向左、向前、向上方劃弧，左掌同肩高，掌心朝外，指尖朝右前方。右掌同腰高，掌心朝左前方，指尖朝右前方。目視左掌方向。

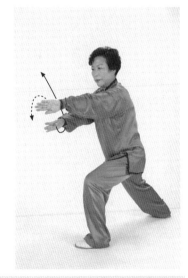

【要領】① 在動作(1)、(2)、(3)中，上體先向左、再向右、又向左轉動，是用"回轉"的身法。② 在動作(3)中，身體迅速左轉和兩掌迅速揚按制動，形成一個頓挫反彈勁，然後鬆沉其勁，再向前上方徐徐運行，這是用"續換"的手法。

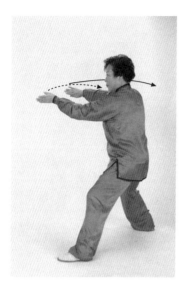

(5) 上動不停，重心移向右腿，上體微右轉。同時左掌外旋直腕，掌同肩高，掌心朝右前方，指尖朝左前方。右掌內旋，向左上方劃弧於左前臂內側，掌心朝前下方，指尖朝左前方。目視左掌。

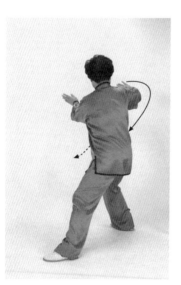

(6) 上動不停，重心繼續移至右腿，上體右轉(胸朝北)。同時兩掌隨之向右劃弧，左臂屈肘收於胸前，掌心朝右前方，指尖朝左前方。右掌平移至身體右前方，稍高於肩，掌心朝外，指尖朝左前方。目視左掌。

(7) 上動不停，重心移向左腿，上體左轉（胸朝西北）。同時兩掌繼續向右、向下、向左劃弧，左掌運行至體前，同腹高，掌心朝下，指尖朝右前方。右掌置於身體右後方，同腰高，掌心朝下，指尖朝右前方。目視左掌。

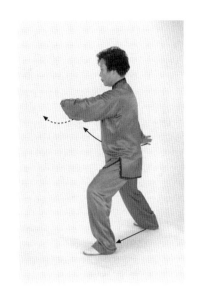

丁步收掌

(8) 上動不停，重心繼續移至左腿，上體左轉（胸朝西），隨之右腳前腳掌擦地跟於左腳跟內側，虛着地面，腳跟稍提。同時左掌隨身體左轉稍向前移，掌心朝前下方，指尖朝右。右掌向下、向左、向前劃弧至右胯側，小指側輕貼身體，掌心朝上，指尖朝前。目視左掌方向。

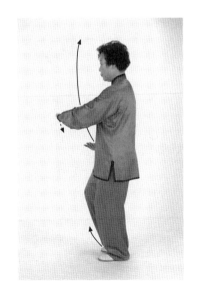

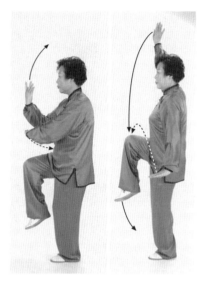

提膝上穿掌

　　(9) 上動不停，重心全部移至左腿，左腿伸起，右腿屈膝提起，膝同腹高，腳尖自然下垂。同時右掌向左、向前經左前臂內側向上穿出，經面前時，右前臂內旋向右上方展臂，掌心朝右，指尖朝上。左掌向下、向左按於左胯旁，掌心朝下，指尖朝前。目視前方。

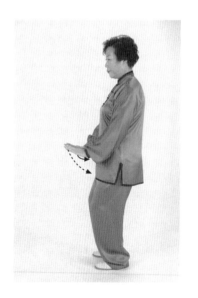

踏腳按掌

　　(10) 上動不停，左腿屈膝下蹲，右腿屈膝下落，右腳在左腳內側輕輕踏地，兩腳相距約10厘米。同時右掌隨右腳下踏按至右胯前，左掌稍抬起與右掌同時向前下按，兩掌心都朝下，指尖朝前。目視前下方。

擦腳左推

(11) 上動不停，上體微右轉，重心移於右腿。同時兩掌隨體轉向下、向右劃弧，掌心朝後下方，指尖朝前下方。目視右掌方向。

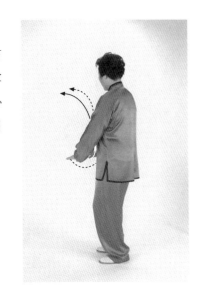

(12) 上動不停，上體左轉（胸朝西南），重心移至左腿並繼續下蹲，右腳向右橫跨一步。同時兩臂微屈，左掌內旋，右掌外旋，兩掌同時向上、向左劃弧，左掌伸於身體左前方，同肩高，掌心朝左前方，指尖朝右前方；右掌於胸前，掌心朝左前方，指尖朝右前方。目視右掌。

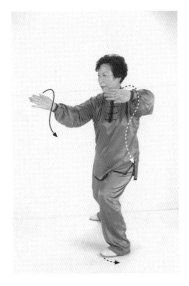

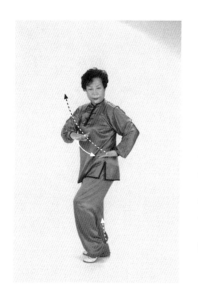

丁步收掌

(13) 上動不停，重心右移，右腿微屈，上體微右轉（胸朝西），隨之左腳前腳掌擦地收至右腳內側並虛點地面，左腿微屈。同時左掌向下、向後、向右劃弧收至左胯側，掌心朝上，指尖朝前；右掌向下、向右劃弧按至體前成橫掌，同腰高。目視右掌方向。

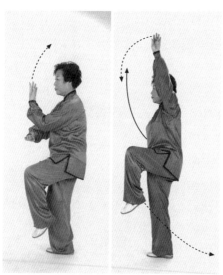

提膝上穿掌

(14) 動作與 (9) 相同，唯左右對稱。

【要領】形成獨立式時，兩臂上下分展，氣下沉，頭頂懸，形成上下對拉勁，使動作既挺拔又含蓄。

【擊法】左獨立式的擊法是當對方右拳打我左肋部時，我用左手按捋其臂，然後提左膝頂撞其襠部，右掌穿擊其咽喉。右式擊法與左式相同。

（十五）右六封四閉

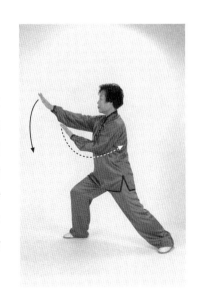

撤步穿掌

(1) 右腿屈膝下蹲，隨之左腳後落成右弓步，同時左掌外旋下落於體前，掌與下頦同高，掌心朝後上方，指尖朝前上方。右掌經左掌心向前上方穿出，掌同頭高，掌心朝前下方，指尖朝前上方。目視右掌。

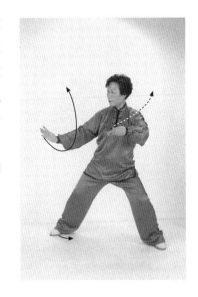

(2) 上動不停，上體左轉（胸朝西南）重心移向左腿，左腿屈膝。同時左臂屈肘，左掌繼續向下，向左、微向上劃弧於右胸前，掌心朝後上方，指尖朝右。右掌稍向右再向下、向左劃弧，掌心朝下，指尖朝右。目視右掌方向。

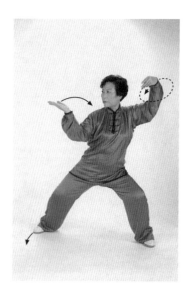

扣腳托掌

(3) 上動不停，上體繼續左轉(胸偏東南)，右腳尖內扣，重心移至左腿。同時左掌繼續上提至左肩前上方。中指、無名指和小指向裡、向上裹勁。右掌繼續向左、向前、向上劃弧托起，至身體右前方，掌與肩同高，掌心朝上，指尖朝右前方。目視右掌方向。

【要領】在動作(3)中，兩掌上托至胸高時要加速制動，體現出頓挫勁。

馬步分掌

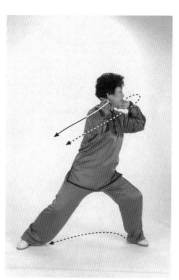

(4) 上動不停，右腳向右前方稍移步，隨之上體微左轉(胸朝西南)，重心移向左腿成左偏馬步。同時兩臂屈肘向內旋腕，使兩掌收於兩肩上方，掌心朝前上方，指尖朝後上方。目視左前下方。

【要領】① 在動作(4)、(5)中，上體的轉動是"回轉"的身法，以腰帶動兩臂完成由開到合的動作。② 在動作(5)中，兩掌向右前下方按出時，兩臂微屈、外撐，同時呼氣，含胸拔背。

虛步雙按掌

（5）上動不停，上體右轉，重心移至右腿，右腿稍蹬起，隨之左腳擦地跟至右腳內側，左腳虛着地面。同時兩掌經面頰兩側向右前下方按出，掌同右腹高，兩掌虎口斜相對。目視兩掌。

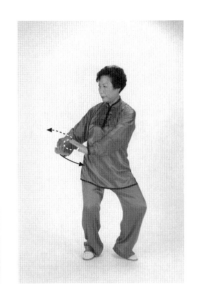

（十六）左單鞭

轉腰錯掌

（1）身體微右轉，重心稍移向左腿，同時左掌向前推出，掌心朝前下方，指尖朝右。右掌外旋至腰間，掌心朝上，指尖朝前。目視左掌方向。

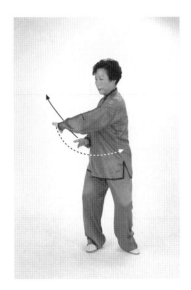

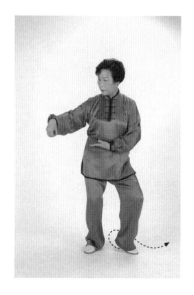

轉腰出勾

(2) 上動不停，上體微左轉，重心偏於右腿並屈膝下蹲。同時左掌外旋，掌心朝上，收至腹前，指尖朝右。右掌屈腕變勾，經左掌心上方向右前上方伸出，與肩同高，勾尖朝左下。目視右勾方向。

【要領】在動作(1)、(2)中，上體是向右、向左的“回轉”身法。

擦步扣腳

(3) 上動不停，重心移至右腿，同時左腳提起，腳跟貼地向左擦出一步，腳尖斜向上，目視左腳方向。

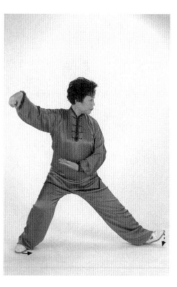

(4) 上動不停，左腳尖內扣
踏實，重心移於左腿，右腳尖
稍內扣。目視右勾方向。

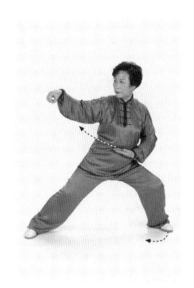

馬步拉橫掌

(5) 上動不停，上體右轉，
重心偏於右腿，同時左掌向右
肘內側下方穿出，掌心斜朝
上，指尖朝右前方。目視左
掌。

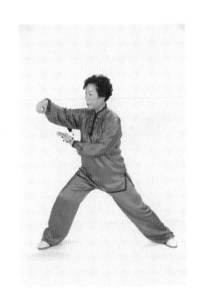

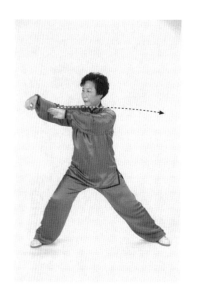

(6) 上動不停，上體左轉（胸朝南），重心稍移向左腿成左偏馬步。同時左掌內旋，稍向上移，掌心朝外。隨即經體前向左劃弧至身體左前方成立掌。目視左掌。

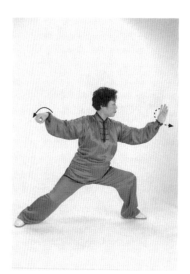

【要領】 在動作(6)中形成單鞭定勢時，沉肩、垂肘、塌腕和鬆腰、沉胯要形成一個完整的鬆沉勁。

【擊法】 對方右手抓握我右手腕，我用左掌按壓其腕上，用左掌的下壓力與右腕的上掤力所形成的合力來折對方的腕關節。如對方企圖解脫，即以右勾頂部彈擊其下頦或鼻樑，隨之近身用左手反抽其面部。

〔第三段〕

（十七）雲手

收腳擺掌

（1）身體重心稍向左移，同時兩臂放鬆，右勾變掌外旋，以腕關節為軸，掌指由下向右、向上劃弧於身體右前方，掌稍高於肩，掌心朝外，指尖朝右後方。左掌以腕關節為軸內旋，掌指由左向下、向右、向上劃弧於身體左前方，掌同肩高，掌心朝外，指尖朝右前方。目視右掌。

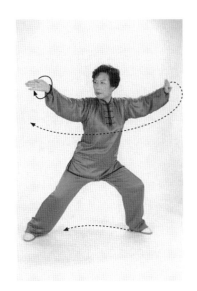

（2）上動不停，上體右轉（胸朝西南），隨之身體重心移至右腿，屈膝微蹲，左腳蹬地快速收至右腳內側，前腳掌虛着地面。同時右掌內旋，向上、向左、向下、向右劃一圓圈後置於身體右前方，掌稍高於肩，掌心朝外，指尖朝左前方。左掌外旋，向上、向左、向下、向右劃弧至腹前，掌心朝外，指尖朝左前方。目視左掌。

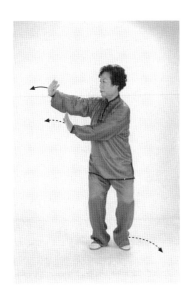

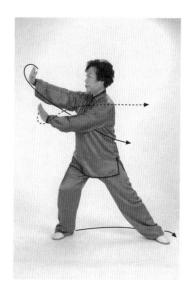

開步右雲手

(3) 上動不停，右腿繼續下蹲，左腳向左開步，同時兩掌向右前方稍推出。目視右手。

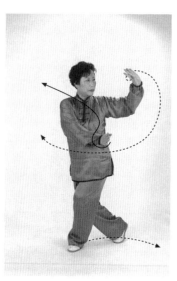

叉步左雲手

(4) 上動不停，上體左轉（胸朝南），重心移至左腿，屈膝稍蹲，隨之右腳向左後方插步，腳前掌著地。同時左掌內旋向上、向左劃弧於左胸前，掌心朝外，指尖朝右上方。隨之右掌外旋，向下、向左劃弧於左腹前，掌心朝外，指尖朝前。目視左掌。

開步右雲手

（5）上動不停，右腳落實，重心移至右腿，屈膝稍蹲，上體微右轉，左腳向左開步。同時右掌內旋，經胸前向上、向右劃弧於身體右前方，稍高於肩，掌心朝外，指尖朝左前方。左掌外旋，向左、向下、向右劃弧於腹前，掌心朝外，指尖朝左前方。目視右掌。

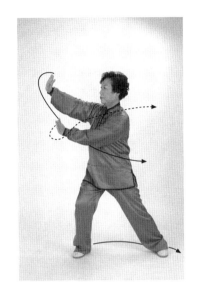

叉步左雲手

（6）動作與（4）相同

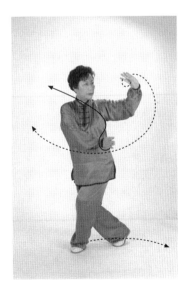

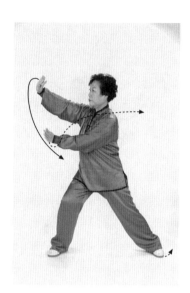

開步右雲手

(7) 動作與 (5) 相同

【要領】①在動作(1)、(2)中，兩臂運用的是"折疊"手法，是以身帶臂，鬆肩、鬆腕來完成的。 ②在動作(2)中，左手向右劃弧運行要與左腳右收協調一致，在左手運行至腹前時，兩手向右推要有頓挫勁，然後接做動作(3)，形成"續換"的手法。 ③做左右雲手時是用"回轉"的身法，並帶動四肢協調運動。

【擊法】左雲手的用法是，對方用左手向我胸部或面部擊來，我用左手由下向右、向上繞到對方左臂外側黏拿其臂或腕，並向左、向下牽動其重心，隨之我右手向左捌擊其左肘後部或肩背部，使對方傾跌。右雲手的用法與左雲手道理相同。

（十八）高探馬

馬步分掌

（1）左腳尖外擺，重心移於左腿，屈膝稍蹲，上體左轉（胸朝南）；同時左掌內旋，向右、向上、向左劃弧，掌稍高於肩，掌心朝外，指尖朝右上方。右手外旋，向下、向左劃弧於右胯旁。目視右前方。

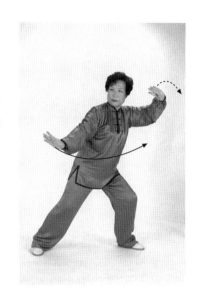

（2）上動不停，重心移至左腿，屈膝微蹲，上體微左轉（胸朝東）。同時左掌外旋，成立掌，掌心朝右前方。右掌繼續向左劃弧於腹前，掌心朝左，指尖朝前。目視左掌。

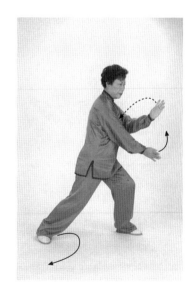

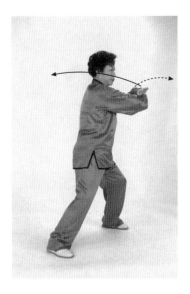

（3）上動不停，右腳收經左腳內側向右後擦地開步，重心偏左腿。同時兩臂在胸前上下交搭，左臂在上，左掌心朝下，右掌心朝外。目視左掌方向。

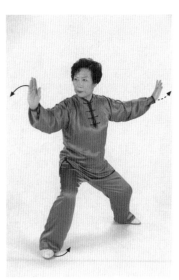

（4）上動不停，重心移向右腿成右偏馬步。同時兩掌分別向上經左右向下劃弧下落，左掌於身體左前方成立掌，指尖稍高於肩；右掌於身體右前方成立掌，指尖稍高於肩。目視右掌。

虛步推掌

(5) 上動不停，右腳尖內扣，合胯，上體微右轉。同時左臂外旋，右臂外旋分別向左右平展，掌同肩高，左掌心朝上，右掌心朝上，指尖朝右。目視右掌方向。

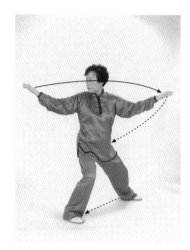

【要領】在動作(5)中，右腳內扣合胯與兩臂左右平展要快速並協調一致，使身體上下形成一股撐勁。

(6) 上動不停，重心移至右腿，屈膝微蹲，上體左轉（胸朝東北）。隨之左腳掌擦地收至右腳內側成左虛步。同時左掌收至腰側，掌心朝上，指尖朝右前方。右臂屈肘，右掌經耳側向前推出成立掌，指尖同鼻高。目視右掌方向。

此為高探馬定式。

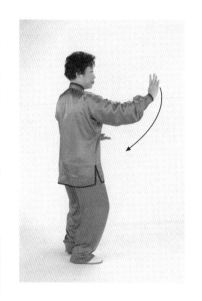

【擊法】對方抓握我左手腕，我左掌回收，牽引對方，同時用右掌擊其面部或胸部。

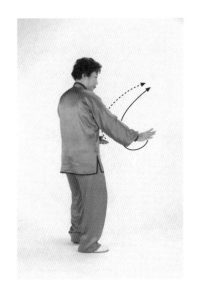

（十九）
右、左擦腳（拍腳）

轉腰下捋

（1）上體微左轉，同時右掌隨之向下稍向左劃弧落於腹前，掌心朝下，指尖朝前。左掌內旋，掌心輕貼腹左側。目視右掌方向。

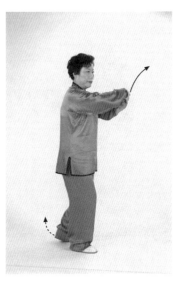

轉腰掤臂

（2）上動不停，上體右轉，同時右掌繼續向左、向上劃弧至左胸前，掌心朝裡，指尖朝左。左掌提腕在左胸前與右腕內側相疊，左掌背輕貼右前臂內側，兩前臂同時向前掤出，同胸高。目視前方。

弓步合臂

（3）上動不停，兩腿屈膝
下蹲，重心移至右腿，左腳抬
起。同時右掌內旋向前伸出，
指尖同鼻高，掌心朝前下方。
左掌外旋，掌心朝上，掌背輕
貼於右前臂內側，指尖朝右上
方。目視右掌。

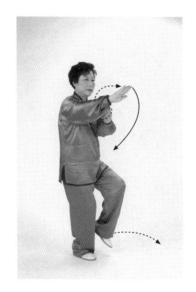

（4）上動不停，左腳向左
前方上一步，重心移向左腿成
左弓步。同時左掌向下、向
左、向上、向前劃弧於體前，
同胸高，掌心朝右，指尖朝前
上方；右掌向右、向下、向左
劃弧於腹前，掌心朝左，指尖
朝前。目視左掌。

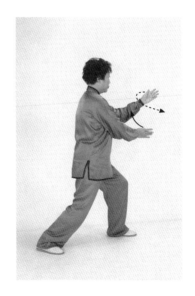

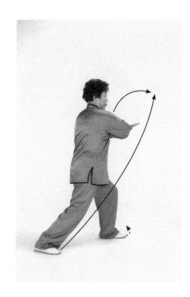

屈肘右擦腳

(5) 上動不停，上體微左轉，重心移至左腿，右腿向右前上方彈踢，同肩高，腳面繃平；同時左掌內旋，向右、向下、向左劃弧於身體左側，同頭高，掌心朝左，指尖朝上；右臂屈肘，右掌內旋，向左、向上劃弧，在胸前經左前臂內側向右前上方擊拍右腳腳面。目視右掌。

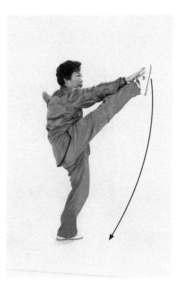

右腳落地

(6) 上動不停，右腳向右前方下落，腳跟着地；同時右手臂隨之下落於右胸前，臂微屈，手心朝左前方，指尖朝上，同肩高。左手臂微下落，臂微屈，手心朝右前方，指尖朝上，同肩高。目視右掌。

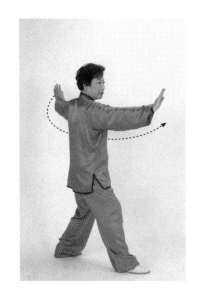

弓步合臂

(7) 上動不停，右腳向右前方下落後，重心移向右腿成右弓步。同時右臂微屈，右掌稍外旋，內合至胸前，掌心朝左，指尖朝前上方。隨之上體微右轉，左掌向下、向右、向前劃弧於腹前，掌心朝右，指尖朝前。目視右掌方向。

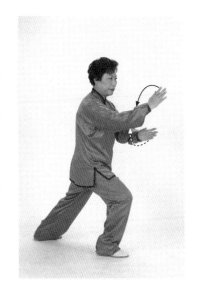

擺腳屈肘

(8) 動作與 (5) 相同，唯左右對稱。

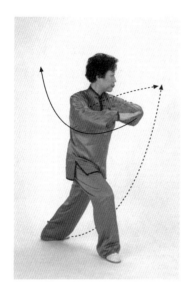

分手左擦腳

(9) 動作如圖示

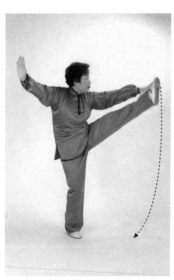

【要領】① 左右擦腳是屈伸性腿法，彈踢要迅速，在手掌即將接觸腳面時，要突然發力，擊拍要響亮。 ② 手掌接觸腳面的一霎那，要有向前的擦力。

【擊法】右擦腳的用法是當對方右手向我擊來，我用左掌向下、向左採按其臂，用右腳踢其襠部，右手擊其面部。左擦腳用法同右擦腳。

（二十）蹬一根

扣腳落地

（1）右腿屈膝，胯內合，左腳內扣下落着地，上體微右轉，目視左手。

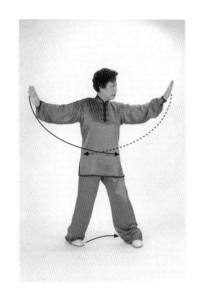

收腳收掌

（2）身體重心全部移至左腿，左膝稍屈；右腿屈膝上提，右腳收於左踝內側，腳尖上翹。同時兩掌變拳，收於腹前交叉，左拳在外，拳眼朝前。目視右前下方。

【要領】① 蹬一根是屈伸性的腿法，要快速有力，力點在腳跟。② 兩手臂左右分展時要迅速抖腕，體現出動作的鬆彈勁，並與右腳側端協調一致。

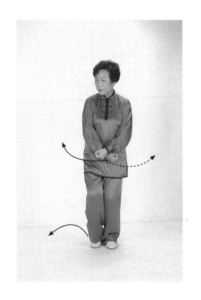

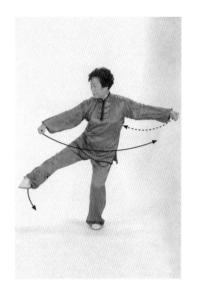

側踹彈拳

(3) 上動不停，右腳向右下方迅速踹出，其高度距地面約30厘米，腳尖朝前，同時兩臂迅速向左右展開圓撐，兩拳以拳背為力點彈出於胯側，拳背朝外，拳眼朝前。目視右腳方向。

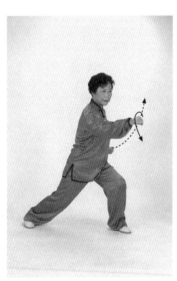

弓步撩拳

(4) 右腳落地，上體左轉，重心移於左腿成左弓步。同時右臂內旋，右拳向下、向左、向前劃弧撩出，同胸高，拳背朝上方；左拳收抱於腰間，拳心朝上。目視右拳方向。

【擊法】對方右拳向我腹部或肋骨部位擊來時，我側身用右臂護肋並掛其臂，用右腳橫踹其小腿或膝關節，同時右拳彈擊其小腹或肋骨部位。

（二十一）披身捶

馬步左披捶

　　（1）上動不停，上體微右轉，重心移向右腿。同時左拳先內旋後外旋向下、向左、向上並稍向前劃弧，位於身體左前方，拳同鼻高，拳心朝右後方；右拳外旋，回收於左肘內側，拳心朝裡。目視左拳。

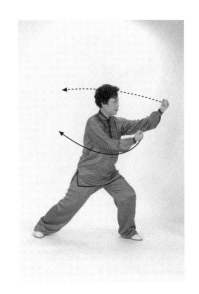

　　（2）上動不停，上體繼續右轉，重心移於右腿成右弓步。同時左拳隨之向右劃弧於體前，拳同眉高，拳心朝裡；右拳稍向下、向右劃弧，拳心朝上。目視左拳。

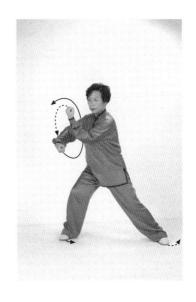

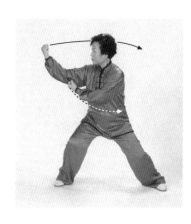

馬步右披捶

（3）上動不停，重心移向左腿。同時右拳先內旋後外旋，向下、向右、向上、向左劃弧，停於身體右前方，拳同鼻高，拳心朝左後方；左拳稍向右、向下劃弧，附於右肘內側，拳心朝裡。目視右拳。

（4）上動不停，上體左轉，重心移於左腿成左弓步。同時右臂隨之向左劃弧，置於右胸前，拳同鼻高；左拳向下、向左劃弧，置於左胸前，拳心朝上。目視右拳。

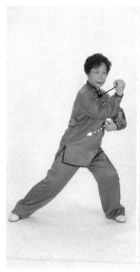
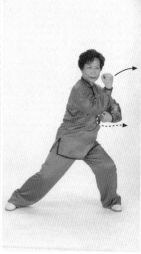

【要領】披身捶是以腰脊為軸的"回轉"身法來帶動兩臂做左右纏繞，動作要連貫協調。

【擊法】向右披身捶的用法是為對方貼近我背後襲擊時，我向右轉身，用右肘頂擊對方胸部，隨之右拳打擊腹部。

（二十二）背折靠

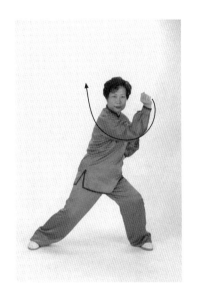

轉腰折腕

（1）繼上勢，上體微右轉。
同時右拳拳背後仰，向左上方
凸腕，拳心朝左上方；左臂屈
肘，左拳收至腰間，拳面貼觸
腰部。目視右拳。

【要領】① 右拳凸腕向下、向右劃弧運轉是用"折疊"的手法，肩、肘、
腕要鬆柔、圓活。 ② 背折靠姿勢即將形成的一瞬間，要迅速向右擰腰，
同時右肩背向右後方微靠，左肩要有個向前的頂勁。

【擊法】① 對方左手擊我胸部時，我左轉側身進右步，貼近對方用肩背靠
打。 ② 對方右拳向我胸部擊來時，我向右轉腰閃身，右手黏握其右腕，
同時用左肩臂向前靠擓其肘部，折其關節。

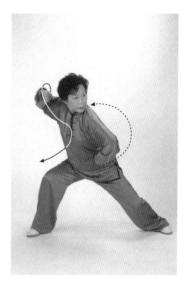

擰腰折靠

(2) 上動不停，上體微左轉再右轉（胸朝西南），重心移至右腿成右弓步。同時右拳內旋，向左、向下、向右、向上劃弧，屈肘至額右前方，拳距額頭約10厘米，拳心朝外，拳眼朝下。左臂屈肘，肘尖朝左，左拳拳面緊頂腰部。目視左下方。

（二十三）青龍出水

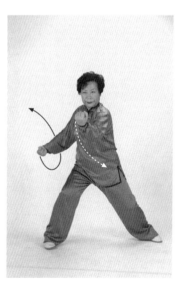

轉腰右掩肘

(1) 繼上勢，上體先微左轉再稍右轉，重心隨之左移再右移，同時隨上體轉動，右拳外旋，向前、向下、向後劃弧於右肋旁，拳心朝上。左拳外旋，向下、向左、向上、稍向右劃弧於身體左前方，拳稍高於肩，拳心斜朝上。目視左拳。

轉腰左掩肘

（2）上動不停，上體繼續微右轉再左轉，重心移於左腿。同時右拳內旋，繼續向後、向下、向右、向上、稍向左劃弧再外旋於身體右前方，拳同鼻高，拳心朝後上方。左拳繼續向右、向下、向左劃弧於左腰前，拳心朝上。目視右拳。

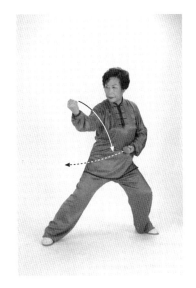

弓步撩手

（3）上動不停，上體右轉（胸朝西南），重心移向右腳。同時右拳外旋，向左、向下劃弧收至胸前，拳小指側輕貼胸部；左臂內旋，左手食指伸直，隨上體右轉，迅速向右前下方伸臂撩出同腹高，手心朝右後方。目視左手食指。

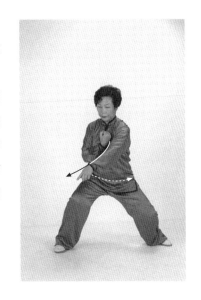

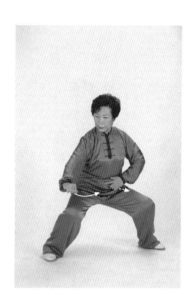

馬步右截拳

(4) 上動不停，上體迅速左轉(胸偏東南)，重心稍偏於左腿成左偏馬步。同時右拳內旋，以拳小指側為力點，向右前方迅速伸臂截擊至右膝內上方，拳距膝約20厘米。左掌以右拳的同樣速度收貼於左腹部，掌心朝內。目視右拳。

【要領】① 動作(3)中，在左掌打出時，左肩、肘、腕要放鬆，體現出鬆彈勁。 ② 動作(4)中，在右拳彈出時，左轉腰、沉胯、背部左側後撐這一系列動作和呼吸要協調一致，周身形成一個整勁。 ③ "青龍出水" 是以腰脊為軸，向左、向右旋轉的兩次 "回轉" 身法，並以身帶臂纏繞蓄勁，曲中求直，兩臂交錯，迅速抖發。

【擊法】對方左拳向我腹部擊來，我用右手向下搬採其左臂，隨之左手撩擊其襠或腹部，緊接着右拳換打。

（二十四）白猿獻果

轉腰下捋

（1）上體微左轉，重心稍左移，同時右拳向下、向左劃弧於右腹前，拳心朝左。隨之左掌輕貼腹部向左、向上劃弧上提，掌心朝裡，指尖朝下。目視右拳。

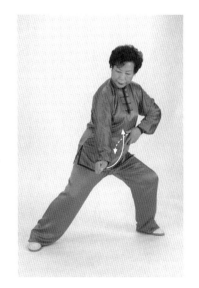

【要領】① 兩臂隨重心左右變換在體前做不同大小的圓形纏繞，右拳於體前在胸腹之間劃大圈，左手貼腹，內旋、外旋滾動劃小圈，兩臂在運動時要協調一致，鬆沉、連貫、圓活。 ② 動作(3)中，右腿屈膝上提與右拳向前上擊出要協調一致。

【擊法】對方右手向我左肋或腹部擊來，我以左臂搬壓其臂，隨之提右膝頂襠，右拳擊其下頦或面部。

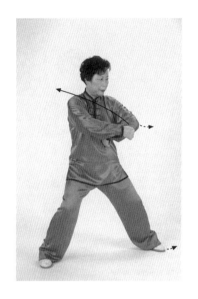

轉腰掤臂

(2) 上體微右轉，重心移向右腿並屈膝；同時右拳向左、向上劃弧屈臂於胸前，拳心朝裡，拳眼朝上。隨之左掌內旋屈腕，拇指、食指輕貼胸部，目視右拳。

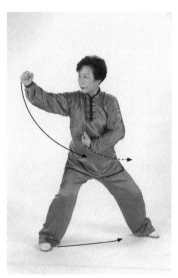

轉腰收拳

(3) 上動不停，上體微左轉，左腳尖外擺，重心移於左腿。同時右拳內旋，繼續向上、向右、向下劃弧於身體右前方，拳同胸高，拳心朝前，拳眼朝左；左掌外旋變拳置於右腹前，拳心朝上，拳眼朝前。目視右拳。

提膝上出拳

（4）上動不停，上體左轉（胸朝東），重心全部移至左腿並微屈膝，右腳前掌擦地前移後屈膝向上提起，膝同腹高，腳尖自然下垂。同時左拳收回左腰側，拳心向上；右拳隨身體左轉外旋並繼續向下、向左經胯側向前、向上劃弧至體前，拳同鼻高，拳心朝後上方，拳眼朝右。目視右拳。

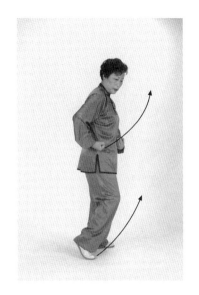

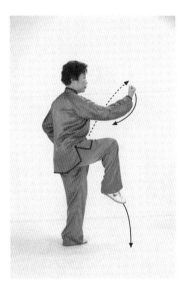

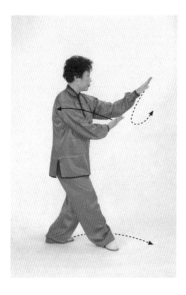

（二十五）左六封四閉

落腳穿掌

（1）左腿屈膝，右腳腳尖外擺落於左腳前約30厘米處，上體右轉。同時左拳變掌，前臂內旋，左掌經右前臂內側向前上方伸出，掌同鼻高，掌心朝前下方，指尖朝左前上方；右拳變掌，落於左前臂內下方，掌心朝後上方，指尖朝前上方。目視左掌。

上步托掌

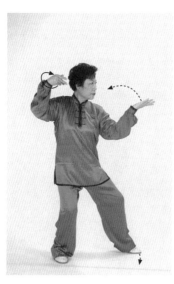

（2）上動不停，上體右轉（胸朝西南），重心移至右腿並微屈膝，左腳向左前方上一步，腳尖稍內扣。同時隨身體右轉，右掌向下劃弧上提至右肩前，稍高於肩，中指、無名指和小指向裡、向上裹勁；左掌向下、向右、向前、向上劃弧至身體左前方，掌同肩高，掌心朝上，指尖朝左前方。目視左掌方向。

馬步分掌

(3) 上動不停，左腿向左前方稍活步，上體微右轉，重心移向左腿。同時兩臂屈肘向裡旋腕，兩掌收至肩前上方，掌心朝前上方，指尖朝後上方。目視右前方。

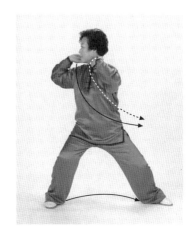

虛步雙按掌

(4) 上動不停，上體左轉（胸朝東南），重心繼續移至左腿，左腿稍蹬起，隨之右腳擦地左移成右虛步；同時兩掌經面頰兩側向左前下方按出，掌同腹高，兩掌虎口斜相對。目視兩掌。

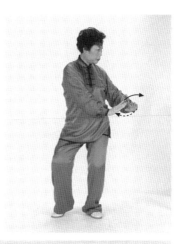

【要領】① 動作(2)中，兩掌向上托至胸前時，要有短暫的加速制動，體現出頓挫勁。　② 動作(3)、(4)中，是用 "回轉" 的身法帶動兩臂完成由開到合的動作。　③ 動作(4)中，兩掌向左前下方按出時，兩臂微屈外撐，同時呼氣，含胸拔背。

【擊法】對方兩手同時向我胸部擊來。我以兩掌由其兩臂中間向左右分開，隨即上左步近身，用兩掌按擊其胸或腹部。

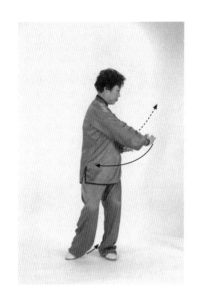

（二十六）右單鞭

轉腰錯掌

(1) 右單鞭與左單鞭動作相同，但方向相反。要領、擊法皆相同。

轉腰出勾

(2) 動作如圖示

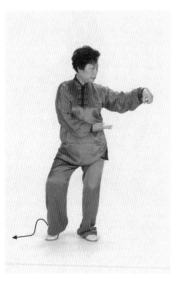

擦步扣腳

(3) 動作如圖示

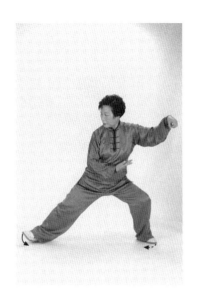

(4) 動作如圖示

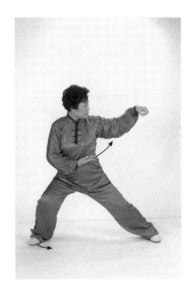

【要領】和【擊法】同〔第二段〕之
"左單鞭"（見本書第171～174頁）

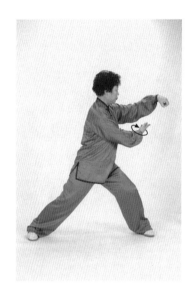

馬步拉橫掌

　　(5) 動作如圖示

　　(6) 動作如圖示

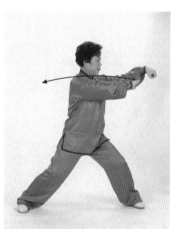

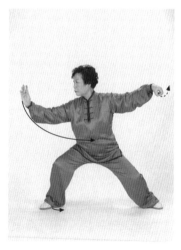

〔第四段〕

（二十七）雙震腳

轉身撩掌

（1）上體左轉，重心移至左腿，右腿合胯腳尖內扣。同時左勾手內旋變掌，掌心朝外，指尖朝右前上方；右掌隨身體左轉，向下、向左劃弧於腹前，掌心朝左前方，指尖朝右前方。目視右掌。

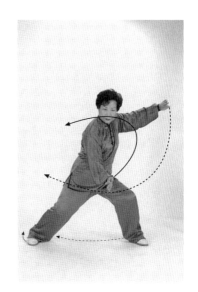

收腳撩掌

（2）上動不停，右腳尖外撇，上體右轉（胸朝西），重心移至右腿，右膝微屈，左腳收至右腿內側，兩腳相距約30厘米。同時右前臂內旋，右掌向左、向上、向右劃弧於身體右前方，掌稍高於肩，掌心朝外，指尖朝左上方；左掌外旋，向下、向右、向前劃弧於腹左前方，掌心朝右前方，指尖朝左前下方。目視右掌。

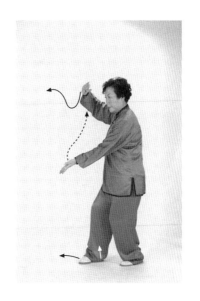

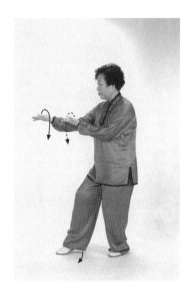

活步托按掌

（3）上動不停，重心移至左腿並微屈，右腳向前活步，前腳掌虛着地面。同時左掌繼續向右、向上劃弧，掌心朝上，指尖朝右前方；右掌外旋，向下、向左、向上、向前托於右胸前，掌心朝上，指尖朝前。右前臂與左掌背相觸。目視右掌。

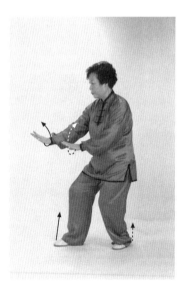

（4）上動不停，左腿屈膝下蹲，右腳全腳掌虛着地面。同時兩掌內旋，稍下按，掌心朝下，指尖朝前，左掌在右前臂內側。目視右掌。

【要領】動作(4)中，要微屈膝，沉胯、鬆腰。沉肩垂肘、搨掌、呼氣要協調一致，體現出一種向下的蓄勁。

震腳下搨掌

(5) 上動不停，右腿屈膝向上擺起，左腳蹬地，身體上跳騰空。同時兩掌外旋，向上托起，掌同肩高，掌心朝上，指尖朝前。目視左掌方向。

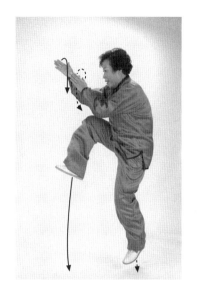

【要領】動作(5)中，身體縱起騰空時，要提氣，左腳用力迅速蹬地，兩掌外旋上托要有個裹勁。騰空時上體仍保持正直。

(6) 上動不停，身體下降，左右腳全腳掌依次踏地作響。同時兩掌內旋下搨，掌同胸高，掌心朝下，指尖朝前。目視右掌。

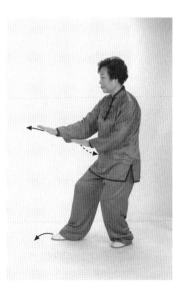

【要領】動作(6)中，左右腳依次踏地時，一定要屈膝鬆胯，用以緩衝，減輕震動。此勢不可用力震腳，兩腳依次落地即可。

【擊法】對方左手向我胸部擊來，我兩手向上托起對方手臂，右腳下踏其前足，然後用兩掌搨按其胸部或肋骨部位。

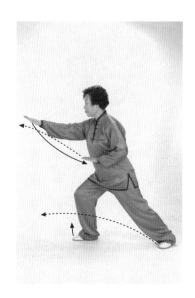

（二十八）玉女穿梭

進步穿掌

(1) 右腳向前進半步，重心移向右腿。同時右手直向前穿出，掌同咽喉高，掌心朝下，指尖朝前；左掌稍後收，掌心朝下，指尖朝前。目視右掌。

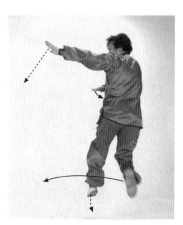

跳插步穿掌

(2) 上動不停，右腳蹬起，左腿前擺，身體躍起騰空右轉。同時右掌收落於左肘內下方，掌心朝下，指尖朝左；左掌經右掌上方向前穿出，掌同肩高，掌心朝下，指尖朝左。目視左掌方向。

【要領】①動作(1)的右腳進步和右掌前穿要與動作(2)的身體躍起和左掌穿出連貫協調。 ②躍步宜遠不宜高，身隨手走，動作要迅速、連貫、沉穩。 ③年老體弱者可不跳躍，改為上步插步轉身的做法。

轉身收腳合手

(3) 上動不停，左腳落地，右腳向左腳左後方下落成右插步，重心偏於左腿。同時左掌落於身體左側，同腰高，掌心朝下，指尖朝左；右掌收落於腹左前側，掌距腹約 10 厘米，掌心朝下，指尖朝左。目視左掌方向。

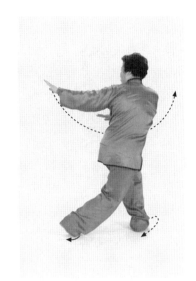

(4) 身體右後轉，隨之左腳尖內扣，右腳尖外擺，重心稍移向右腿。同時右掌隨身體右轉向右後上方劃弧於右肩前，掌稍高於肩，掌心朝外，指尖朝左上方；左掌向下、向左上劃弧於身體左側，掌同腰高，掌心朝前下方，指尖朝左前上方。目視右掌。

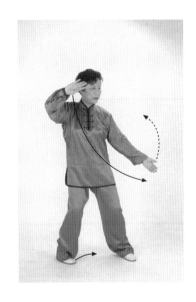

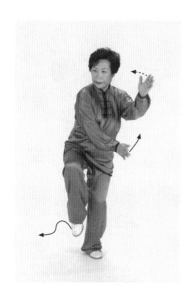

（5）上動不停，上體微左轉，重心移向左腿，右腳向左腳內側回收，前腳掌着地，右腿屈膝。左腿屈膝下蹲；同時左掌向上、向右劃弧於左胸前，掌心朝右，指尖朝前上方；右掌向下、向左劃弧於腹前，掌心朝左，指尖朝前，目視左掌。

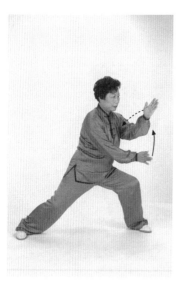

（6）上動不停，上體繼續左轉，兩手臂繼續內合；同時重心移至左腿，右腿提步，而後腳跟內側着地，向右側擦步，全腳掌落地踏實，目視右掌。

馬步拉掌

　　(7) 上動不停，上體右轉，重心稍移向右腿成右偏馬步。同時右掌內旋，繼續向左、向上、向右劃弧於身體右前方，掌稍高於肩，掌心朝外，指尖朝左上方；左掌向右、向下劃弧，經右上臂內側落於腹前，掌心朝右下方，指尖朝右上方。目視右手。

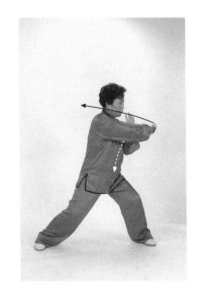

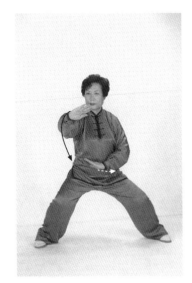

【擊法】以掌指連續穿擊對方喉部。

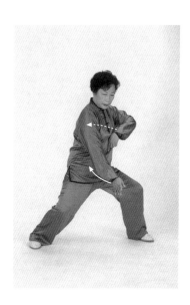

（二十九）獸頭勢

轉腰下挒

（1）上體左轉，重心稍移向左腿；同時右手向前，向左下挒，左手隨之向左後移動，目視右手。

【要領】① 動作(2)至(4)中，兩前臂在體前上下內外互相纏繞時，用的是"提抽"身法，應着意體會兩側腰肌的上下運行。 ② 動作(4)中，兩臂的鬆沉與鬆腰沉胯、沉肩垂肘應形成一個周身的合勁，這時應呼氣。

【擊法】對方右手握（其虎口與我虎口方向相反）我右腕時，我左臂壓其肘，右臂上提攦其臂。如對方欲解脫，則隨即近身，以右拳背擊對方胸部。

按掌提腕

（2）上動不停，上體右轉
（胸朝西南），重心移於右腿。
同時右掌繼續向下、向左劃弧
於左腹前，掌心朝左，指尖朝
前；左臂屈肘、屈腕，向上提
於右胸前，掌心朝左，指尖朝
下。目視左手。

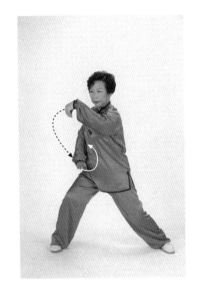

握拳繞臂

（3）上動不停，上體微左
轉，重心稍左移。同時兩掌變
拳，左拳向前、向下劃弧於右
腹前，拳心朝內，拳眼朝上；
右拳經左前臂內側由下向上提
於胸前，拳心朝裡，拳眼朝
上。目視右拳。

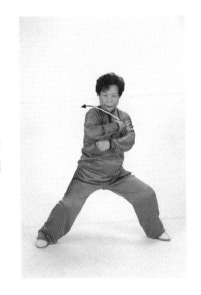

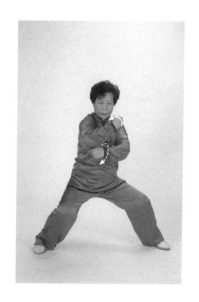

馬步裹拳

(4) 上動不停，上體微左轉（胸朝南），重心稍右移，兩腿屈膝下蹲成右偏馬步。同時右前臂斜置於右胸前，肘斜下垂，右拳外旋微屈腕，拳同肩高，拳心朝裡，拳眼朝上；左前臂橫於胸前，左拳附於右肘內側，拳心朝裡，拳眼朝上。目視右拳。

（三十）雀地龍

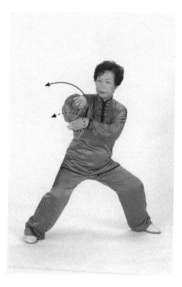

旋腕擺掌

(1) 上體微左轉，重心稍左移。同時兩腕放鬆，兩拳變掌，右掌內旋，掌心朝下，指尖朝前下方；左掌外旋，掌心朝右上方，指尖朝右前方。目視右掌。

（2）上動不停，上體右轉（胸朝西南），重心移至右腿成右橫弓步。同時右掌由下向左、向上、向右劃弧旋腕稍展臂，掌同眉高，掌心朝外，指尖朝左前方；左掌向下、向左、向上、向右劃弧內旋腕稍展臂、掌心朝外，指尖朝左前上方。目視右掌。

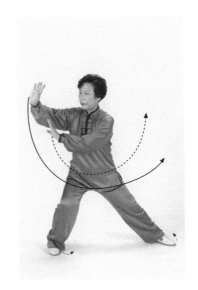

弓步合手

（3）上動不停，身體左轉（胸朝東），右腳尖內扣，左腳尖外擺，重心移至左腿成左弓步。同時隨身體左轉，左掌向下、向左、向前、向上劃弧並外旋，掌同鼻高，掌心朝右，指尖朝前上方；右掌外旋，向下、向左、向前劃弧，掌心朝左，指尖朝前。目視左掌。

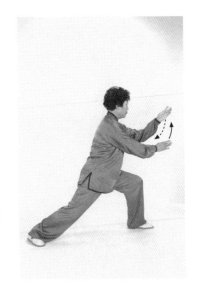

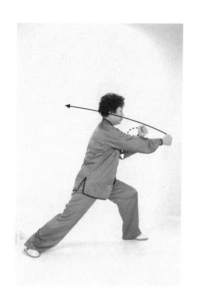

握拳後坐

（4）上動不停，上體右轉（胸偏西南），重心移於右腿，右膝屈蹲。同時兩掌變拳，右拳自腹前上撩，並經體前隨身體右轉向右、向上劃弧並稍內旋，拳同眉高，拳心朝左下方；左臂屈肘，左拳經右臂內側向右、向下劃弧，拳心朝裡。目視右拳方向。

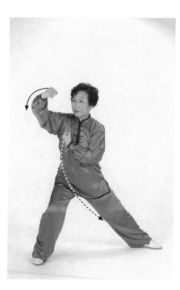

仆步穿拳

(5) 上動不停，上體微左轉（胸偏東南），右腿屈膝全蹲，左腿伸直下仆，同時左拳向下、向左經腹前沿左大腿內側外旋穿出，拳眼朝上；右拳向右上方伸出，拳心朝左下方。目視左拳。

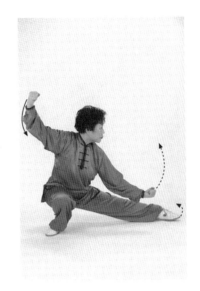

【要領】 ① 動作(1)、(2)中，上體向左、向右轉動，是採用"回轉"的身法帶動兩掌做"折疊"手法。 ② 動作(5)中，仆步下勢時，上體要盡量保持中正。

【擊法】 對方右拳向我胸部擊來，我以右手黏其手腕向右上方捋其臂，隨之下勢，我以左腳插在對方腿後面管其腳，以左手臂穿至襠下扛摔對方。

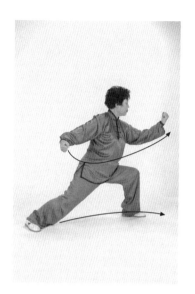

（三十一）上步七星

上步架拳

（1）左腳尖外擺，右腳蹬起，上體微左轉，重心移向左腿成左弓步。同時左拳向前、向上弧形衝起，位於身體左前方，拳同下頦高，拳心朝裡；右拳向下劃弧落於右胯旁，拳心朝左前方。目視左拳。

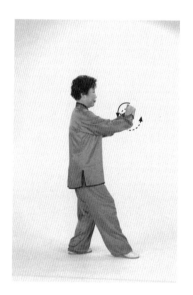

（2）上動不停，上體左轉（胸朝東），重心移至左腿並微蹲，右腳前腳掌擦地經左腳內側向前上步，右膝微屈，以前腳掌着地。同時左拳微外旋，稍向裡合；右拳稍外旋，向下、向前經左腕外側向上衝起，兩拳以腕部交叉抱於胸前，兩拳心皆朝裡。目視兩拳方向。

【要領】動作(2)中，右腳上步與左拳上衝要協調一致。

內旋撐掌

（3）上動不停，兩拳以腕相貼的交叉點為軸，同時內旋向裡、向下、向前繞一小圓後變掌外撐，掌心朝外。目視兩掌方向。

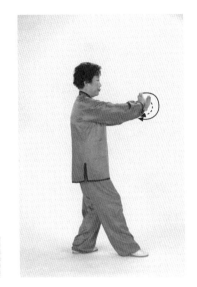

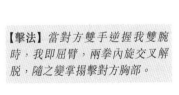

【要領】動作(3)中，兩掌外撐的同時，背脊要有向後的撐勁。

外旋握拳

（4）兩掌在胸前仍以兩腕相貼的交叉點為軸，由掌變拳外旋，向外、向下、向裡翻轉，左拳在外，右拳在裡，拳心皆朝裡。目視兩拳方向。

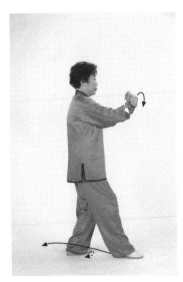

【擊法】當對方雙手逆握我雙腕時，我即屈臂，兩拳內旋交叉解脫，隨之變掌揚擊對方胸部。

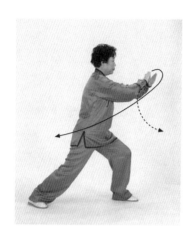

（三十二）退步跨虎

撤步分掌

(1) 上動不停，右腳後撤一步，身體右轉(胸朝南)，兩腿下蹲，同時兩拳內旋變掌，右掌在上，兩掌心朝下，隨身體右轉向下、向左右分經兩膝上方，左掌心朝左下方，右掌心朝右下方。目視右掌。

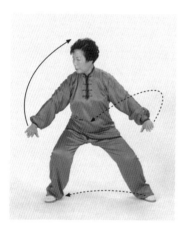

【要領】①動作(1)中，屈膝沉胯與右上左下兩手內合形成一個整勁。 ②動作(2)中，要借助右手的上擺，來帶領左腿屈膝提擺。

【擊法】對方用腳踢我左腿或襠部時，我左腿後撤，向右轉身閃開，並用左手護膝防其腳踢。這是一個防守的連續動作。

收腳合臂

（2）上動不停，重心移於右腿，左腿收至右腳內側，前腳掌着地，兩腿微蹲。同時，右掌繼續向右、向上、向左劃弧外旋，屈臂立掌於右胸前，指尖同額高，掌心朝左；左掌繼續向左、向上、向右、向下劃弧外旋，附於右肘內下方，掌心朝右，指尖朝上。目視右掌。

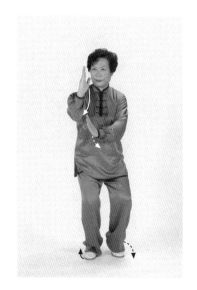

（三十三）轉身擺蓮

擺腳按掌

（1）左腳跟外展落實，重心稍向左移，兩腿仍稍蹲，右腳尖外擺，隨之重心移向右腿，上體右轉。同時右掌向下，落於左胸前，掌心朝下，指尖朝左；左掌向下按於腹前，掌心朝下，指尖朝右。目視左前方。

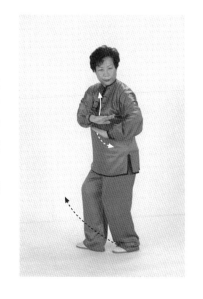

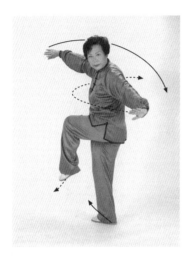

提膝分掌

(2) 上體繼續右轉，身體重心全部移至右腿並伸起，左腿屈膝提起，膝同腹高，腳尖自然下垂；同時兩臂左右分展，右臂斜上舉，右掌同頭高，掌心向外，指尖朝左前方。左臂斜下舉，左掌於左胯旁，左掌心斜向下，指尖朝前。目視左下方。

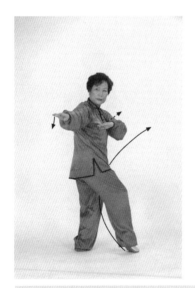

轉腰擺掌

(3) 上動不停，身體繼續向右後轉(胸朝東)，左腳隨身體轉動，腳尖內扣，向西北方落下，重心移至左腳；右腿屈膝，右腳跟抬起，前腳掌虛着地面。同時兩掌隨身體右轉向右劃弧，右掌於身體右側，臂微屈，掌心朝下，指尖朝右；左掌於右胸前，掌心朝下，指尖朝右。目視右手方向。

【要領】① 在右腿弧形上擺之前，要屈膝、轉腰、合胯、鬆腕。② 年老體弱和腿部柔韌性較差者，可屈膝擊拍腳面外側或兩手在腳面上方掠過。

擺腿拍腳

（4）上動不停，右腿屈膝向左、向上、向右弧形擺起，右腳同胸高，腳尖斜向上。同時左右掌向左、向上依次擊拍右腳面外側，兩掌心皆朝左。目視右腳。

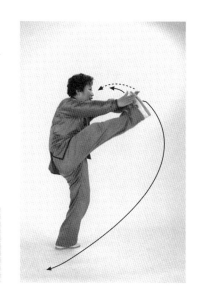

【擊法】對方從前面用右腳踩我左腿，我左腿向右後落步，轉身閃開，隨即擺右腿還擊其肋骨部位和腰部。

（三十四）當頭炮

落腳推掌

（1）右腳向右落地，上體微左轉。同時兩臂向左前方伸展，掌同胸高，兩掌心皆朝左下方。目視右掌方向。

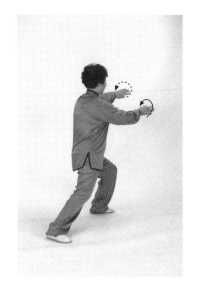

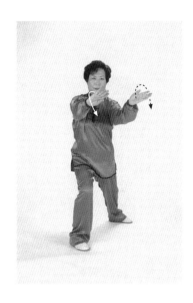

扣腳右捋

(2) 上動不停，上體右轉，重心移於右腿，左腳尖稍內扣。同時左掌外旋，右掌內旋隨身體右轉向右側劃弧，右掌稍高於肩，掌心朝右前方，指尖朝左前上方。左掌同胸高，掌心朝右，指尖朝左前上方。目視右掌。

擺腳收拳

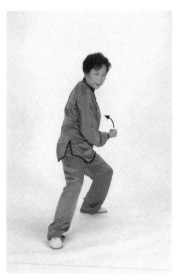

(3) 上動不停，重心移於左腿，上體微左轉，右腳尖稍外擺。同時右掌外旋下捋變拳，屈肘收於腹前，拳眼朝上；左掌內旋下捋變拳，屈肘收於腰間，拳眼朝上。目視右下方。

【要領】① 當頭炮是抖發勁動作。② 動作(3)中，兩掌向左下方捋時要鬆腰沉胯，上體左轉，充分蓄勁。 ③ 動作(4)中，形成右弓步與兩臂前衝要快速協調一致。在發勁過程中，左腳蹬地，屈膝沉胯，速向右轉腰，力達兩拳，以左助右，迅速制動，形成抖勁。

弓步挪打

（4）上動不停，重心移於右腿成右弓步，上體稍右轉（胸朝東南）。同時右前臂橫於胸前向右前方挪擊，拳心朝裡，拳眼朝上；左臂微屈，向右前方微衝，左拳距右腕內側約10厘米，拳眼朝上。目視右拳臂。

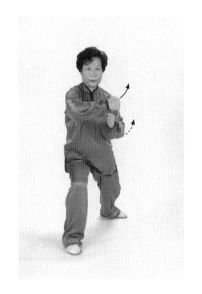

（三十五）左金剛搗碓

後坐左捋掌

（1）重心移向左腿，上體左轉。同時兩拳變掌，右掌外旋，左掌內旋隨身體左轉向左側劃平弧，左掌同鼻高，掌心朝外，指尖朝右；右掌同胸高，掌心朝外，指尖朝右。目視右前方。

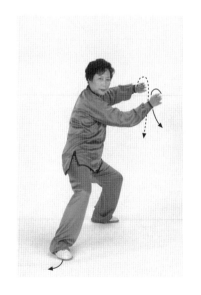

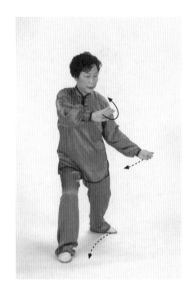

上步撩掌

(2) 上動不停，上體稍右轉，右腳尖外擺，腳尖朝西南，重心移於右腿。同時右掌內旋，繼續向左、向下劃弧至體前，同腹高，掌心朝前下，指尖朝左前方；左掌外旋，繼續向左、向下劃弧於左胯旁，掌心朝下，指尖朝左。目視右掌。

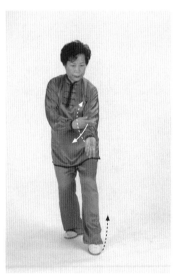

(3) 上動不停，重心移至右腿，上體繼續右轉（胸朝南）。隨之左腳前腳掌擦地向前上步，全腳掌虛着地面，左腿微屈。同時左掌前撩於左胯前，掌心朝前上方；右掌外旋，向上、向裡、向下劃弧橫於左前臂上方，掌心朝後上方。目視左掌。

提膝握拳

（4）上動不停，左掌變拳，屈肘上提至同胸高，拳心朝上；隨之右掌下落於腹前，掌心朝上，與左拳背上下相對。同時左腿屈膝上提，腳尖自然下垂；右腿稍蹬直。目視左拳。

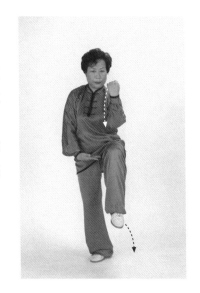

踏腳砸拳

（5）上動不停，右腿屈膝半蹲，隨之左腳全腳掌踏地，兩腳平行，相距約20厘米。同時左拳砸落於右掌心內，拳心朝上。目視前下方。

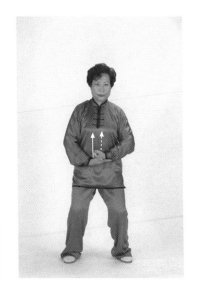

【要領】和【擊法】同〔第一段〕之"右金剛搗碓"（見本書第123～125頁）

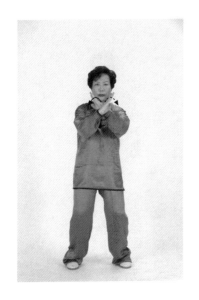

（三十六）收 式

屈膝托拳

（1）重心移至兩腿之間，兩腿緩緩蹬起，同時右掌托左拳至胸前，左拳變掌，兩掌交叉於胸前，左掌在裡，右掌在外，掌心皆朝外。目視前方。

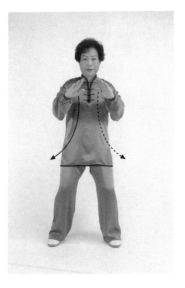

翻掌分手

（2）上動不停，兩掌內旋，左右分開，同胸高，掌心斜朝下。目視前方。

開立落掌

(3) 兩腿自然伸直開立，兩掌緩緩下落於身體兩側，掌心朝內輕貼大腿，指尖朝下。目平視前方。

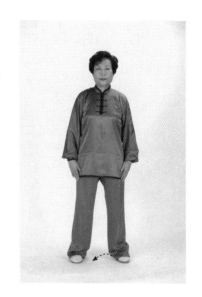

並步站立

(4) 身體重心移至右腿，左腳提起慢慢收至右腳內側，兩腳並攏，重心移至兩腳之間。目前平視。

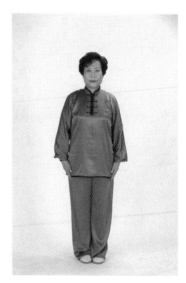

【要領】動作要緩慢，精神、勁力要貫徹始終，不可鬆懈。身體要自然、沉穩，呼吸自然。

附：陳式太極拳練拳歌訣

練拳歌訣

世傳陳式太極功，體用兼備妙無窮；折疊纏繞內外旋，開合提抽回轉靈；

斂神用意隨手視，進退轉換提擦輕；剛柔快慢蓄發勁，內氣潛轉趣意濃。

陳式簡化太極拳打手歌

起勢捋化千鈞撞，寶杵三擊數金剛；攬扎衣勢獻肘手，亮翅採挒展兩膀；

斜行拗步捯掌靠，提收塌胸膝頂襠；前蹚穿肘掌撲面，掩手肱捶擊胸膛；

雙手刁攦進步推，肘底掏心捶難防；倒退捲肱擊面部，退步壓肘把人傷；

野馬分鬃穿臂靠，獨立穿喉膝頂襠；封閉兩手搨其腹，單鞭拿腕抽面龐；

雲手左右採挒肘，高探馬式撲面掌；擦腳踢襠又封面，側身一根踹當仰；

披身肘頂拳撩腹，背折靠打肩膀抗；青龍出水截撩襠，白猿獻果打鼻樑；

雙震踏足托擊胸，穿梭戳喉速趕上；獸頭折臂護心捶，雀地龍勢挑襠扛；

上步七星架臂踢，跨虎防腿閉中央；轉身擺腿橫擊肋，當頭一炮震腹腔；

收勢意斂合太極，久練揣摩藝高強。

陳式簡化太極拳動作路線示意圖

起勢
右金剛搗碓
攬扎衣
白鶴亮翅
斜行拗步
提收
前蹚
掩手肱捶
雙推手
肘底捶
倒捲肱一
倒捲肱二
倒捲肱三
退步壓肘
左野馬分鬃
右野馬分鬃
右金雞獨立
左金雞獨立
右六封四閉
左單鞭
雲手一
雲手二
高探馬
右擦腳
左擦腳
蹬一根
掩手肱捶
背折靠
青龍出水
白猿獻果
左六封四閉
右單鞭
雙震腳
玉女穿梭
懶頭勢
雀地龍
上步七星
退步跨虎
轉身擺蓮
當頭炮
左金剛搗碓
收式

陳式簡化太極拳動作路線示意圖　229

商務印書館 📖 讀者回饋咭

　　請詳細填寫下列各項資料，傳真至 2565 1113，以便寄上本館門市優惠券，憑券前往商務印書館本港各大門市購書，可獲折扣優惠。

所購本館出版之書籍：_____

購書地點：_____　姓名：_____

通訊地址：_____

電話：_____　傳真：_____

電郵：_____

您是否想透過電郵或傳真收到商務新書資訊？　1□是　2□否

性別：1□男　2□女

出生年份：_____年

學歷：　1□小學或以下　2□中學　3□預科　4□大專　5□研究院

每月家庭總收入：1□HK$6,000以下　2□HK$6,000-9,999
　　　　　　　　3□HK$10,000-14,999　4□HK$15,000-24,999
　　　　　　　　5□HK$25,000-34,999　6□HK$35,000或以上

子女人數(只適用於有子女人士)　1□1-2個　2□3-4個　3□5個以上

子女年齡(可多於一個選擇)　1□12歲以下　2□12-17歲　3□18歲以上

職業：　1□僱主　2□經理級　3□專業人士　4□白領　5□藍領　6□□師　7□學生
　　　　8□主婦　9□其他

最常前往的書店：_____

每月往書店次數：1□1次或以下　2□2-4次　3□5-7次　4□8次或以上

每月購書量：1□1本或以下　2□2-4本　3□5-7本　4□8本或以上

每月購書消費：1□HK$50以下　2□HK$50-199　3□HK$200-499　4□HK$500-999
　　　　　　　5□HK$1,000或以上

您從哪裏得知本書：1□書店　2□報章或雜誌廣告　3□電台　4□電視　5□書評/書介
　　　　　　　　　6□親友介紹　7□商務文化網站　8□其他(請註明：_____)

您對本書內容的意見：_____
_____

您有否進行過網上購書？　1□有　2□否

您有否瀏覽過商務出版網(網址：http://www.commercialpress.com.hk)？1□有　2□否

您希望本公司能加強出版的書籍：1□辭書　2□外語書籍　3□文學/語言　4□歷史文化
　　　5□自然科學　6□社會科學　7□醫學衛生　8□財經書籍　9□管理書籍
　　　10□兒童書籍　11□流行書　12□其他(請註明：_____)

根據個人資料「私隱」條例，讀者有權查閱及更改其個人資料。讀者如須查閱或更改其個人資料，請來函本館，信封上請註明「讀者回饋咭-更改個人資料」

香港筲箕灣
耀興道 3 號
東滙廣場 8 樓
商務印書館(香港)有限公司
顧客服務部收